JN057116

山梨県立博物館企画展
宝塚歌劇の世界
小林一三　生誕150年
清く、正しく、美しく

山梨県立博物館企画展

小林一三 生誕150年

宝塚歌劇の世界

清く、正しく、美しく

会　場　山梨県立博物館

会　期　令和五年十月十四日（土）～十二月四日（月）

主　催　山梨県立博物館、山梨日日新聞社、山梨放送

後　援　韮崎市、韮崎市教育委員会、朝日新聞甲府総局、ＮＨＫ甲府放送局、エフエム甲府、エフエム富士、産経新聞甲府支局、テレビ朝日甲府支局、テレビ山梨、毎日新聞甲府支局、山梨新報社、山梨中央銀行、読売新聞甲府支局

特別協力　公益財団法人阪急文化財団、阪急電鉄株式会社、宝塚歌劇団、株式会社宝塚クリエイティブアーツ、株式会社宝塚舞台

協　力　日本通運株式会社、山梨交通株式会社

協　賛　日本ネットワークサービス

ごあいさつ

「清く、正しく、美しく」。宝塚歌劇を創立した小林一三（こばやしいちぞう）は、その理念をこのような言葉で表現しました。表現者としての小林一三は、慶應義塾の学生として勉学に励む傍ら、弱冠十七歳にして「山梨日日新聞」に小説を連載したほど、早熟な文才を示していました。若き日の一三は小説家を夢見つつ、そして新聞記者を卒業後の進路として望んでいたといい、彼自身が新たな時代の文化の旗手となる、そのような未来を思い描いていたことでしょう。

しかし、一三の未来予想図は、歴史の分岐点で大きくその軌跡を変えることとなります。小説家でもなく新聞記者でもなく、一三は銀行マンとして社会人のキャリアを歩みはじめ、さらに大阪で現在の阪急電鉄にあたる民営鉄道の創業に関わることになりました。

現在でこそ大阪府北部を中心に、京都や神戸へと路線を伸ばす阪急電鉄ですが、一三が事業を立ち上げた頃の沿線は一面の田園風景でした。いわば見込みがない鉄道プロジェクトを、今日の大発展へと結び付けたのは、一三の発想力に他ありません。

さまざまなアイディアのなかで、一三の事業のアイデンティティとも中核ともいえるのが、当時の終点・宝塚にて創業した宝塚歌劇なのではないでしょうか。一三は鉄道経営のなかで、沿線住宅開発で人々が住むところを提供し、そして宝塚歌劇で人々が楽しむところを提供したといえます。宝塚歌劇からゴジラ（東宝映画）まで、人々が楽しみ夢を持つことができる世の中が訪れたのは、一三の夢でもあり大きな功績でもあるといえるでしょう。

今年は小林一三の生誕から一五〇周年、大きな節目にあたるこの年に、今なお世界中の人々を惹きつけてやまない宝塚歌劇について、多くの皆さまにご紹介できることは、私たちにとっても大きな喜びでもあり光栄なことでもあります。ぜひ本展を通じて、宝塚歌劇の魅力を存分に味わっていただきたいと存じます。末文ではございますが、本展の開催にあたりまして、貴重な資料のご出品にご協力いただきましたご所蔵者の皆さまをはじめ、特別協力をいただきました関係各位に、心より御礼を申し上げます。

令和五年十月

山梨県立博物館　館長　**守屋　正彦**

山梨日日新聞社・山梨放送　社長　**野口　英一**

目次

凡例

- 本書は山梨県立博物館企画展「小林一三生誕１５０年　宝塚歌劇の世界―清く、正しく、美しく」（開催期間　令和五年十月十四日〈土〉～十二月四日〈月〉）の展示図録である。
- 本書に掲載されている資料の図版番号は、展示会場の出品資料番号と一致するが、展示の順序とは必ずしも一致しない。また、会期中に展示替えをおこなうため、図録掲載資料が展示されていない場合がある。なお、本図録は出品資料・図版のすべてを掲載したものではない。著作権の関係等から図版が掲載されていない出品資料については、資料番号の横に※を記した。
- 出品資料の解説の表記は、資料番号、資料名および作者名、製作時期、所蔵者の順とした。
- 年代の表記は和暦を主として表記し、（　）内に西暦を示した。
- 旧地名を表記する場合は、適宜現在の地名を（　）内に示した。
- 数字の表記は、万・億などの四桁ごとの単位語を使用し、十・百・千は使用しない。ただし、和暦および月日、年齢などは単位語を使用した。
- 漢字表記は原則として常用漢字を用いるが、宝塚歌劇の演目名や人名等の固有名詞については旧字体等を用いた部分もある。
- 本展の企画および本図録の編集は、近藤暁子（山梨県立博物館）、小畑茂雄（同）、井上俊一（山梨日日新聞社・山梨放送）がおこなった。
- 本図録の執筆分担は次のとおりである。
  近藤　章概説、プロローグ、第二章（No.45以外）、第三章、第四章、第五章、エピローグ
  小畑　論考、小林一三概略、第一章、第二章（No.45）、関連年表
- 掲載されている出品資料の写真は所蔵者より提供を受けたほか、海老沼真治（山梨県立博物館）が撮影した。また、出品資料以外の写真については、公益財団法人 阪急文化財団（一四～六九、一一二頁）、宝塚歌劇団（表紙、一〇～一三、八七～一一一頁、ⓒ宝塚歌劇団）より提供を受けた。
- 引用・参考文献は、本書の巻末に一括して示した。

《裏表紙》扇面「清く、正しく、美しく」（複製品）　宝塚歌劇団

論考

清く、正しく、美しく
小林一三と宝塚歌劇

今年、宝塚歌劇の創業者・小林一三の生誕から一五〇周年を迎えました。一五〇年という年月は、わが国の近現代史そのものであるとともに、一三が生まれてから、一三がさまざまな価値を創造し、現在の私たちがその価値を享受している今この時までの時間の積み重ねとも言えます。

やや言い方をかえれば、現在の私たちが楽しんでいる文化や生活スタイルは、一三がわが国の近代化の過程で創造し、実践してみせてきた事業やサービスそのものだと言える、ということではないでしょうか。例えば現代の誰もが、東宝が東京「宝塚」劇場だったことを知らなくても、数々の映画や興行を楽しんでいます。私たちが楽しむくらしや文化には、一三が創造した価値や事業そのものを由来とするものが数多くあります。一三は民営鉄道の多角的経営から、現在の私たちも楽しんでいる多くの事業やサービスを生み出しましたが、その核心とも言えるものが、今回ご紹介する宝塚歌劇なのです。

小林一三は明治六年（一八七三）一月三日、山梨県巨摩郡河原部村（現在の韮崎市本町）の資産家・布屋に生まれました。誕生日にちなんで一三と名付けられた少年は、間もなく生母とは死別し、実父は婿だったため小林家と離縁となってしまいます。

奇しくも山梨出身の鉄道事業家には、一三と同様に生母の顔を知らずに育った人物がふたりいます。ひとりは甲州財閥の中心である若尾逸平（一八二〇—一九一三）で、一三が終止符を打つことになる東京電燈の甲州系資産家による支配を実現した人物であることも奇縁と言えるでしょう。もうひとりが一三から鉄道経営や小売業への進出についての支援を受けた、「地下鉄の父」こと東京地下鉄道の創業者である早川徳次（一八八一—一九四二）です。若尾、早川のいずれも、片親での生い立ちの影響や父への感謝を述べていますが、幼くして両親を失った一三はどのようにその感受性を育てていったのでしょうか。

一三の宝塚歌劇へとつながる文芸的な関心と才能の片鱗をみせたのが、文学青年として活動した学生時代です。南八代村（現在の笛吹市八代町）の私塾・成器舎から東京三田（現在の東京都港区）の慶應義塾へと進学した一三は、山梨日日新聞に「練絲痕」（No.11）を掲載しています。「練絲痕」をみると、ペンネームは「靄渓学人」とあり、「靄（あい）」は一三（Ｉｃｈｉｚｏｕ）の「Ｉ」、「渓（けい）」は小林（Ｋｏｂａｙａｓｈｉ）の「Ｋ」をもじったものです。

後年、一三は自らの創作を掲載した紙面の収集を、東京帝国大学明治新聞雑誌文庫の宮武外骨（一八六七―一九五五）に依頼しています。宮武に宛てた書簡（No.13）では、「「練絲痕」といふ小説その題の意味も一寸不明なれどラージ殺しを材料としたものならば小生の作に疑なし。殊に靄渓学人ハその頃の雅号として使用したものなれば也」と、一三は宮武の収集成果を認め、東京の宮武のもとへの来読を約しています。

明治新聞雑誌文庫の広報紙「公私月報」などの宮武側の視点による記録には、宮武と一三との交友は親密なものに描かれています。一三は自身の経営する企業の年史の編纂のため、古い資料の収集を宮武に依頼し、また宮武の出版活動にも資金的な支援をおこなうこともたびたびであったことを記述しています。ちなみに一三の求めていた「練絲痕」掲載記事は、「甲州人たる書肆主人某」が「甲府の紙屑問屋」から発掘したとのことであり、宮武との交友・取引関係から、「甲州文庫」（山梨県立博物館蔵）の収集者である功刀亀内の仕事である可能性が高いと思われます。

この山梨の紙屑から見出された「練絲痕」について、一三は提示価格の三〇円に対して大幅に上回る一〇〇円を支払ったというエピソードとともに、「世間普通の金持連中は、十円と云ふものを五円に値切るのが常習である、小林氏のやうな人は、予の知り居る限りの富豪にはない」と宮武の評によって談じられています（「公私月報」第四八号　昭和九年九月五日発行）。こうした「練絲痕」をめぐる一三と宮武の関係からは、一三の文化的な投資を惜しまない態度をたびたびみることができます。ちなみに、山梨県立博物館蔵の「練絲痕」は、前述の「公私月報」（第四七号　昭和九年八月五日発行）の附録として、宮武が再版したものです。

慶應義塾を卒業した一三は、三井銀行を経て関西への進出を果たします。そこで箕面有馬電気軌道（みのおありまでんききどう）（現在の阪急電鉄）の創業に着手した一三は、沿線開発の事業的センスや時代の潮流を見抜く目だけでなく、さまざまなキャッチコピーに文学青年としての感覚を発揮していきます。沿線住宅開発の「この家はあなたのものです！」や、「月拾弐円で買へる土地家屋」、阪急百貨店の「どこよりもよい品物を、どこよりも安く売りたい」など、いずれも現在にも通じる秀逸さと言えるでしょう。

こうした沿線開発を補完する集客・娯楽施設として設立されたのが「宝塚」です。とはいっても少女歌劇ではなく、当初は宝塚新温泉と室内プールなどを備えた宝塚パラダイスという娯楽施設でした。しかし、宝塚パラダイスは事業としては失敗におわり、この失敗が宝塚歌劇の創業へとつながっていくことになるのですが、その経緯を一三は次のように語っています。

> そこで宝塚新温泉内の娯楽設備を充実させることとなり、明治四十五年七月一日には近代的な構造の洋館を増設して、室内水泳場を中心とした娯楽設備を設けて、これをパラダイスと名づけた。このプールの設計は、その当時の日本にはどこにも無い最初の試みであつたが、時勢が早すぎたことと、蒸気の通らない室内プールの失敗と、女子の観客を許さない取締りや男女共泳も許さないといういろいろの事情から、利用される範囲がすこぶるせまく、結局失敗に終つてしまつた。（略）
> この水泳場を利用して、温泉場の余興として、遊覧客を吸収しようという計画がいろいろと考えられた。宝塚新温泉もこれをまねて、三越の指導を受け、女子音楽隊を設けることにした。十五、六名の少女を募集し、唱歌をうたわせようという宝塚唱歌隊なるものを組織することになつたのである。
>
> 小林一三『宝塚漫筆』

一三が阪急電鉄を中心として、宝塚歌劇、沿線住宅開発、阪急百貨店などによって構成した事業デザインは見事に実を結び、北摂エリアは阪急王国といっても過言ではないほどの発展をみせています。また、一三の宝塚歌劇をはじめとする事業は、近代日本の社会において、新たに登場した「大衆」が享受できる、新たな時代の文化の発信者となりました。演劇や映画を、あるいはスポーツを興行として楽しむという、現在の私たちにとってごく当たり前となっている文化は、一三が事業として実現したものに源流を持つものが非常に多くあります。一三は、誰よりも文化を愛していたからこそ、人々が求めるものを理解していたのかもしれません。

一三は、のち通産相や初代経済企画庁長官を歴任した高碕達之助に、次のように語ったとされています。

> 君、人間を運んで金儲けをしようというのは、そりゃ人力車夫の仕事だよ、米国の鉄道業者も人力車夫の域を脱せないかねえ。鉄道が敷ければ、人が動く。人には住宅もいる。食料品もいる。娯楽機関も社交機関もいる。それ等は自由競争である。其処に金儲けの途を考えるのが、鉄道事業をやる人の特権じゃなかろうか。
>
> 小林一三翁追想録編纂委員会『小林一三翁の追想』

小林一三の生誕から一五〇年。一三が生きた八四年と、亡くなってからの六六年。時代と私たちの社会と文化はどのように変化してきたのでしょうか。一三がもたらした私たちの豊かな文化は、現在も人々のくらしと生涯に豊かさと彩りを与え続けています。

（山梨県立博物館学芸員　小畑　茂雄）

『タカラヅカスペシャル2014—Thank you for 100 years—』

ようこそ華麗なる夢の世界へ

小林一三が現在の宝塚歌劇団の前身である宝塚唱歌隊を結成し、やがて宝塚少女歌劇団として初めて公演をおこなったのは大正三年(一九一四)のことでした。以来、一三が蒔いた〝夢〟の種は、芽吹き、大きく成長し、宝塚の地で美しい花を咲かせ続けています。

演劇や文筆にあこがれた私の若い日の情熱が、事業家としての夢が、そのまま宝塚歌劇に、宝塚の街に実を結んでいる。

小林一三『宝塚漫筆』

一三にとって宝塚は、自身の情熱と夢が結実した、特別な場所だったのかもしれません。

1

衣装(いしょう)(平成二十六年 宝塚大劇場『タカラヅカスペシャル2014―Thank you for 100 years―』)

平成二十六年(二〇一四)

宝塚歌劇団

平成二十六年に開催された「タカラヅカスペシャル2014」で着用された衣装。「タカラヅカスペシャル」は、年に一度各組のスターが競演する一大イベント。シルバーのスパンコールが華やかな

2

衣装(いしょう)(平成二十六年 宝塚大劇場『タカラヅカスペシャル2014―Thank you for 100 years―』)

平成二十六年(二〇一四)

宝塚歌劇団

清く正しく美しく

「清く、正しく、美しく」。今では誰もが知るこの言葉は、小林一三が残したものです。

> 私の最大目的は、生活の単位を個人より家族に、従つて其娯楽も亦個人より家族に（略）其旗幟は簡単にして鮮明である。朗らかに、清く、正しく、美しく、これをモツトーとする我党の芸術は即ち高尚なる娯楽本位に基くところの国民劇である。
>
> 小林一三『私の行き方』

これは、昭和九年（一九三四）一月一日、東京宝塚劇場が開場するにあたり、家族で楽しめる娯楽演劇を目指すことを述べた一文です。

「清く、正しく、美しく」は一三の教えとして、また宝塚歌劇の精神を象徴するような言葉として広く知られ、一三が初代校長を務めた宝塚音楽学校（当時は宝塚音楽歌劇学校）では校訓とされています。生徒たちが卒業して宝塚歌劇の舞台に初めて立って口上を述べる時には、この言葉が書かれた扇面が背後に大きく掲げられます。写真は、今年初舞台を踏んだ第一〇九期生たち。昭和三十二年（一九五七）に亡くなってから六〇年以上経った今でも、一三が変わらず生徒たちを見守っているかのようです。

第109期生初舞台口上

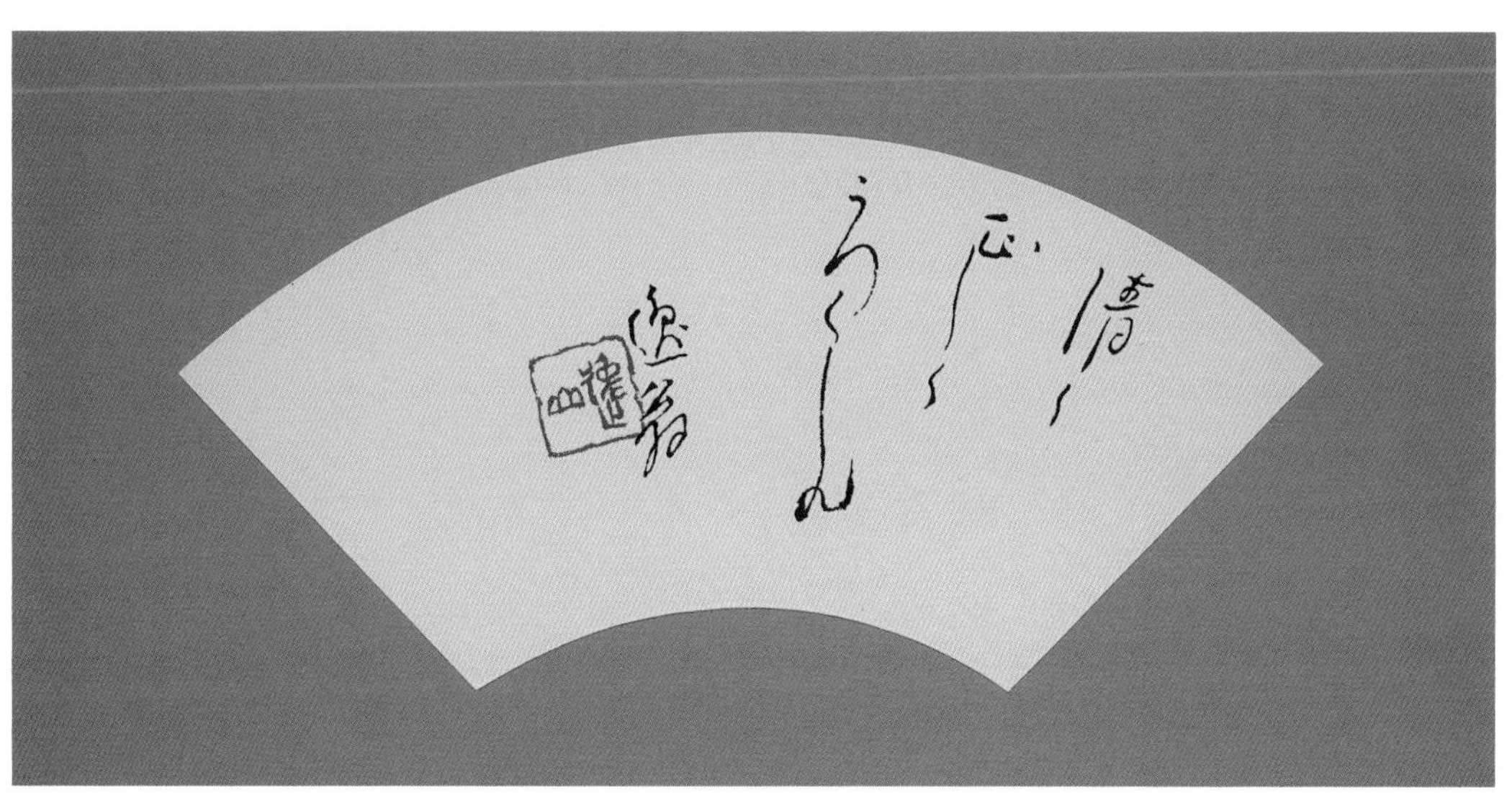

3
扇面「清く、正しく、美しく」（複製品）
現代
宝塚歌劇団

一三自筆の扇面の複製品。現在宝塚音楽学校などでも同様のものが掲げられている。

宝塚の父 小林一三

小林一三（こばやし いちぞう）
山梨県巨摩郡河原部村（韮崎市）出身
明治六年（一八七三）一月三日生まれ
昭和三十二年（一九五七）一月二十五日死去

甲州街道の宿場町韮崎の豪商・布屋の分家筋の長男として生まれる。

生まれた年の夏に母と死別、父も離縁となり、三歳年長の姉たけよとともに、本家で養育される。

韮崎学校から成器舎（笛吹市）、慶應義塾（東京都）へ進学し、卒業後は三井銀行に就職する。同行大阪支店へ転勤後、支店長の岩下清周との縁もあり、退職して証券会社の創立に関与するも不調に終わる。その後、箕面有馬電気軌道（のちの阪急電鉄）の設立を主導し、路線の建設と経営にあたる。鉄道の建設にあたっては、沿線の住宅や行楽地の開発を並行しておこない、民営鉄道の多角的経営のモデルとなる。一方で、宝塚歌劇団やプロ野球団、映画事業といった文化・芸術事業を成功に導き、大衆文化の牽引役となる。

政財界でも活躍し、長く甲州財閥の経営下にあった東京電燈（のちの東京電力）の経営を託され、官界では第二次近衛文麿内閣で商工大臣、戦後は幣原喜重郎内閣で国務大臣兼戦災復興院総裁、戦時中から戦後にかけて貴族院勅選議員を務めた。

茶人、美術品蒐集でも知られ、若き日は小説家や新聞記者を夢見て、著述も多数ある。号は逸翁で、手掛けた作品では靄渓学人、逸山人、逸山とも称した。

第一章 宝塚歌劇の原点

小林一三は、明治六年(一八七三)一月三日、山梨県巨摩郡河原部村(現在の韮崎市)の豪商の家に生まれました。十五歳で故郷を離れ慶應義塾に学び、山梨日日新聞に小説を連載するなど、文学青年として過ごしました。卒業後は三井銀行に勤め、のちに箕面有馬電気軌道(現在の阪急電鉄)の専務に就任、以降沿線の住宅・観光開発、ターミナルデパートの建設など、乗客を誘致するためにさまざまなアイディアを実現していきます。路線の終点に宝塚歌劇の創立につながることとなる宝塚新温泉を開業したのも、一三のアイディアのひとつでした。本章では、一三が宝塚歌劇へとつながる感性を育て、宝塚を娯楽と文化の拠点として定めた〝宝塚歌劇の原点〟ともいえる時代を紹介します。

韮崎に生まれる

小林一三は、明治六年（一八七三）一月三日、韮崎で醸造や生糸商、金融業を営む布屋の分家の長男として生まれ、一月三日の誕生日にちなんで一三と名付けられました。しかし、一三は幼くして生母と死別、婿養子だった父も実家に戻ってしまい、姉のたけよとともに本家で養育されることになります。一三は生まれてから進学のために上京する十五歳までの期間を山梨で過ごしましたが、どのような少年時代だったのでしょうか。

甲斐韮崎町醤油醸造家　小林商店

記

◉小林商店（仝上）

北巨摩郡韮崎町にあり由來同地方に於ける素封家にして名聲共に高し嘗て衆議院議員に推擧せられ國家に貢獻する所尠からず坊間呼んで布七と稱す商業は醤油、味噌、酢の醸造業にして商賣仲々繁昌す同地方第一の醸造家にして規模又大なり得意先きは同郡下は勿論中巨摩郡及信州地方にして販路益々擴張の傾向あり品質醇良價格低廉を以

4

『甲府繁昌記』

明治時代

山梨県立博物館（甲州文庫）

甲府を中心とした山梨県の商業・観光案内書。表紙は甲府城の大手門附近と思われる北向きの描写に、実際には反対方向の富士山を背景に取り入れた構図となっている。国立国会図書館所蔵の同名かつ同じ装丁の資料には、明治三十六年（一九〇三）七月刊行の奥付があるが、本資料には奥付がなく、一方で巻頭に中央線の飯田町・長野間の時刻表が掲載されていることから、同区間が開業した同三十九年以降の再版本と思われる。本資料には、一三の実家にあたる韮崎の小林商店の写真と、同店の解説として「商業は醤油、味噌、酢の醸造業にして商売仲々繁昌す同地方第一の醸造家にして規模又大なり」と記されている。末尾には「品質醇良価格低廉を以て評判高し」とあり、後年の一三の「良いものをより安く売りたい」という阪急百貨店のモットーに通じるものがあるのも興味深い。

（表紙）

故郷での少年時代

数々の著作を残す一三ですが、故郷韮崎のことを書いたものはそれほど多くありません。それでも、昭和十年（一九三五）に出版した『私の行き方』（No.23）では、「腕白時の思ひ出」と題して、故郷の日々や想いについてつづった随筆を載せています。

刊行時には六十二歳になっていた一三ですが、教師を教師とも思わないほどの腕白ぶりを見せていた少年時代の数々の行跡、そして初恋についての述懐とともに、時おり故郷の風景や地理がありありと思い浮かぶかのように描写されています。

僕らの街から甲府へは三里あつた。幾曲りか険はしい山の裾を廻り巡つて奔流するあの釜無川を下つて、赤坂といふ嶮峻を越えて、明るい時代の色を求めるために、天恵に乏しい山の民は、どんな想ひで、甲府へ！甲府へと憧れて行つたと思ふ。

小林一三『私の行き方』

こうした叙述のほかにも、「（甲州には）武士がゐなかつたもんだから、明治維新になつても、士族といふものが出来なかつた。僕たちは士族なぞちつとも偉いとは思はなかつ

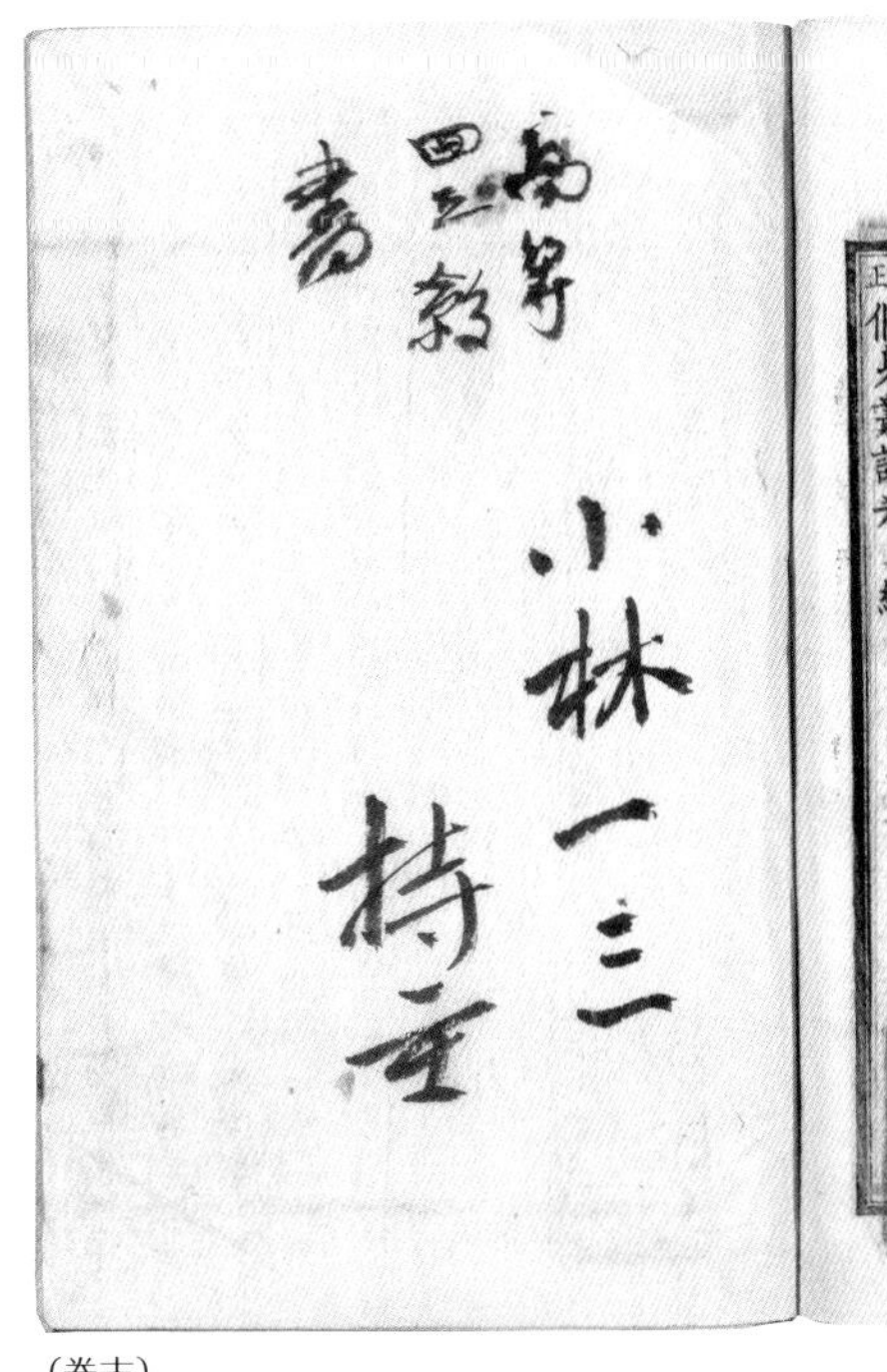
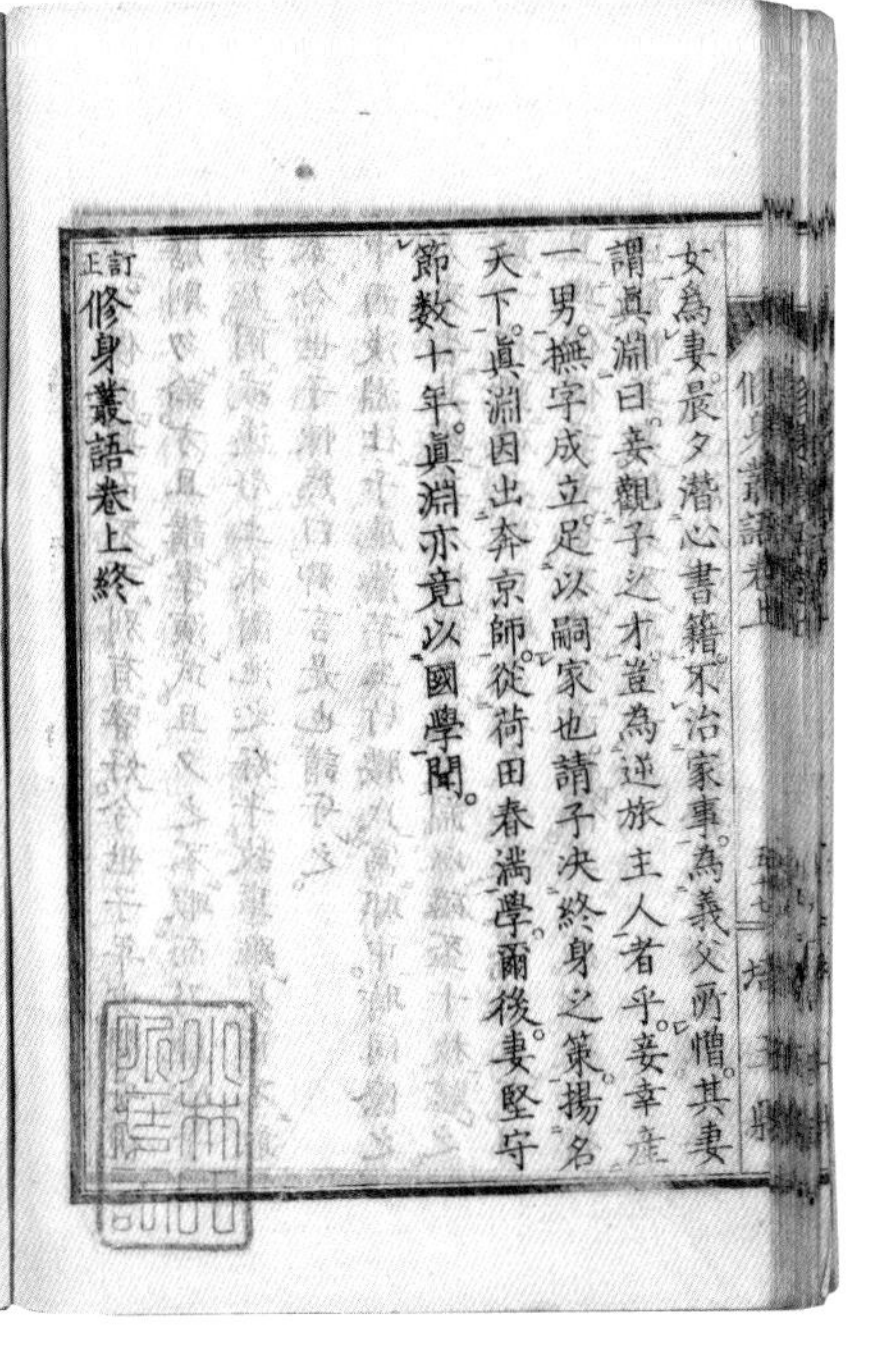

（巻末）

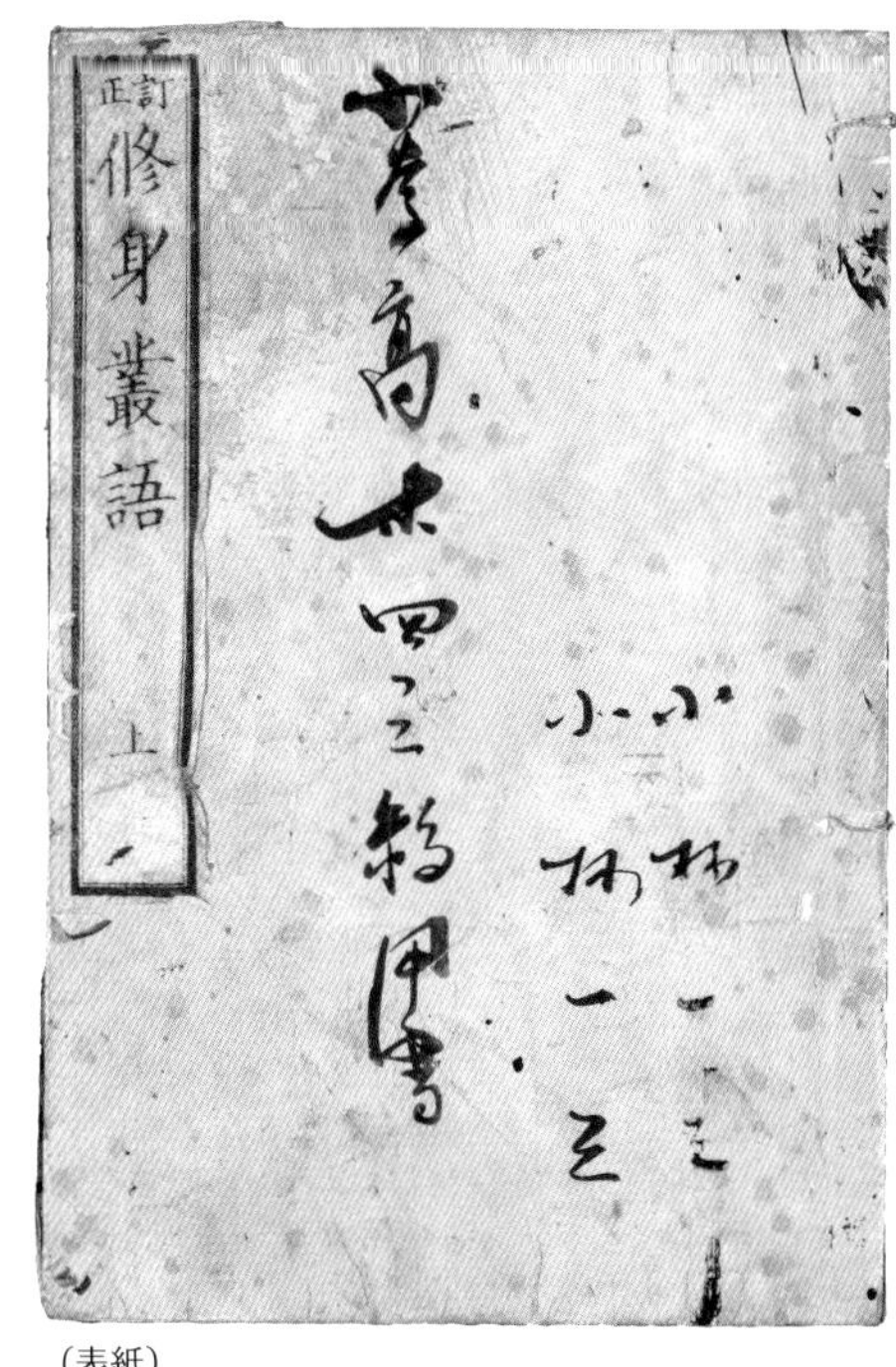

（表紙）

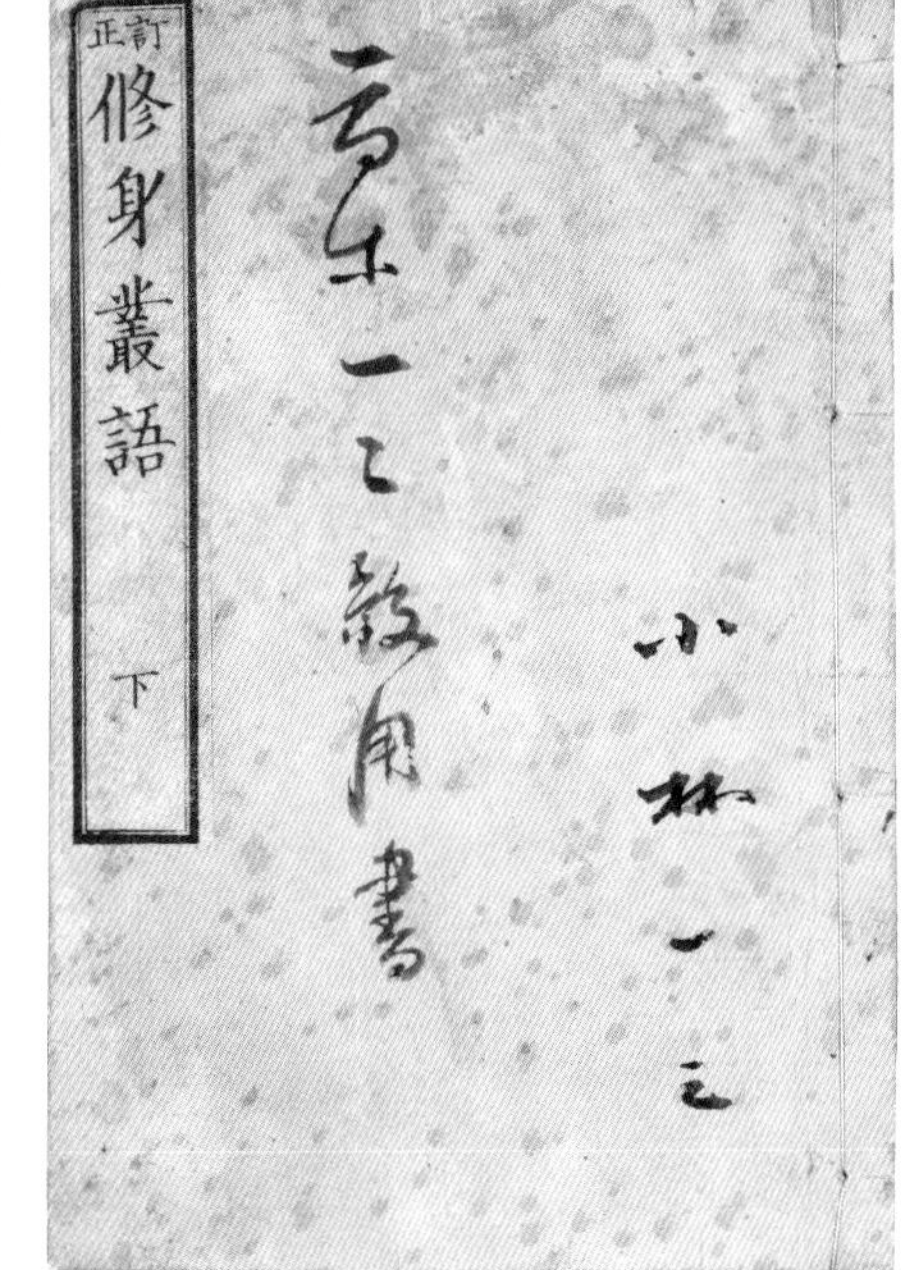

5

『訂正　修身叢語　上・下』
明治十四年（一八八一）
公益財団法人 阪急文化財団

明治初期の初等教育で用いられた修身の教科書。上下巻ともに表紙へ「小林一三」の署名が記され、小学校（韮崎学校）高等科で使用したことも併せて記されている。

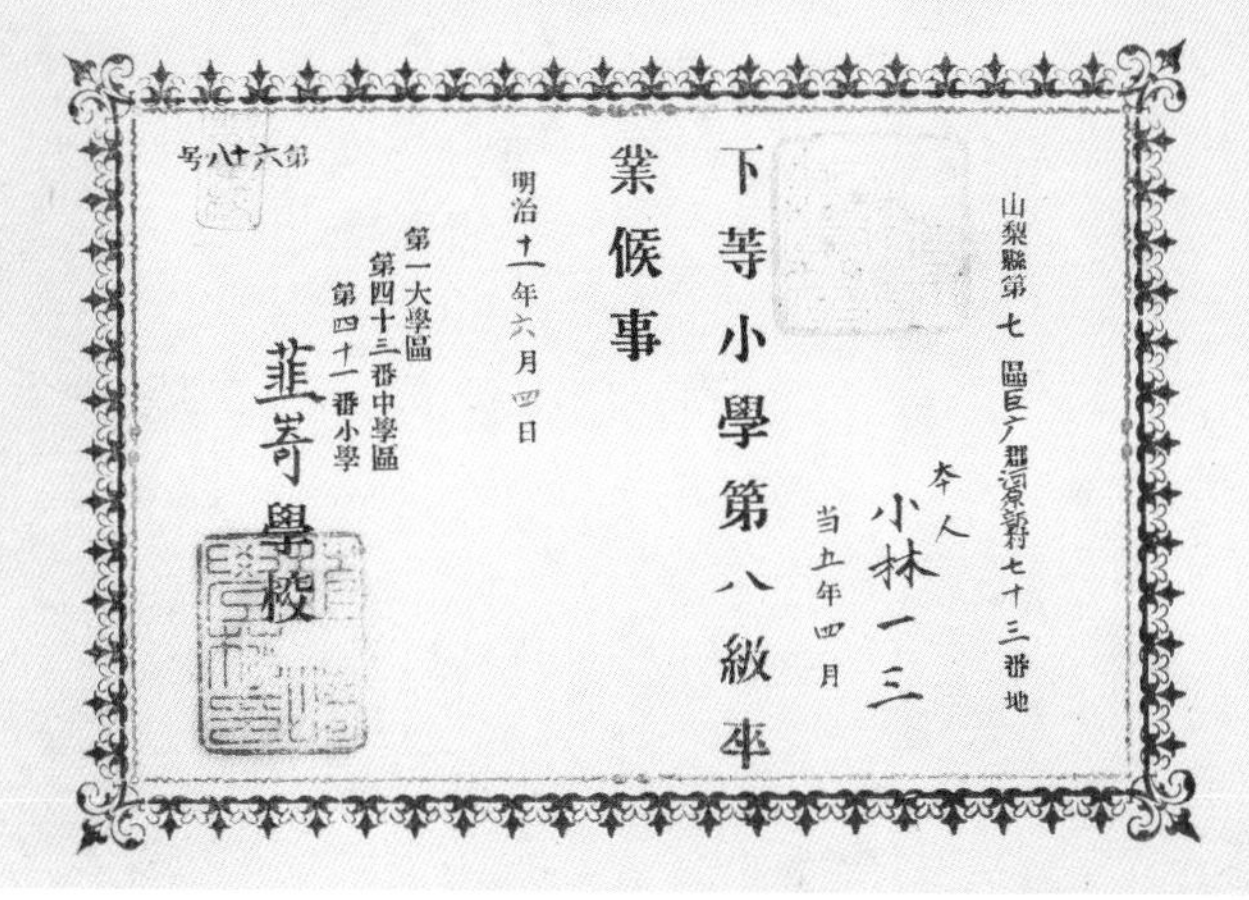

山梨縣第七區巨摩郡河原部村七十三番地
本人
小林一三
当五年四月
下等小學第八級卒業候事
明治十一年六月四日
第一大學區
第四十三番中學區
第四十一番小學
韮崎學校
第六十八号

明治11年（1878）下等小学第八級卒業証書

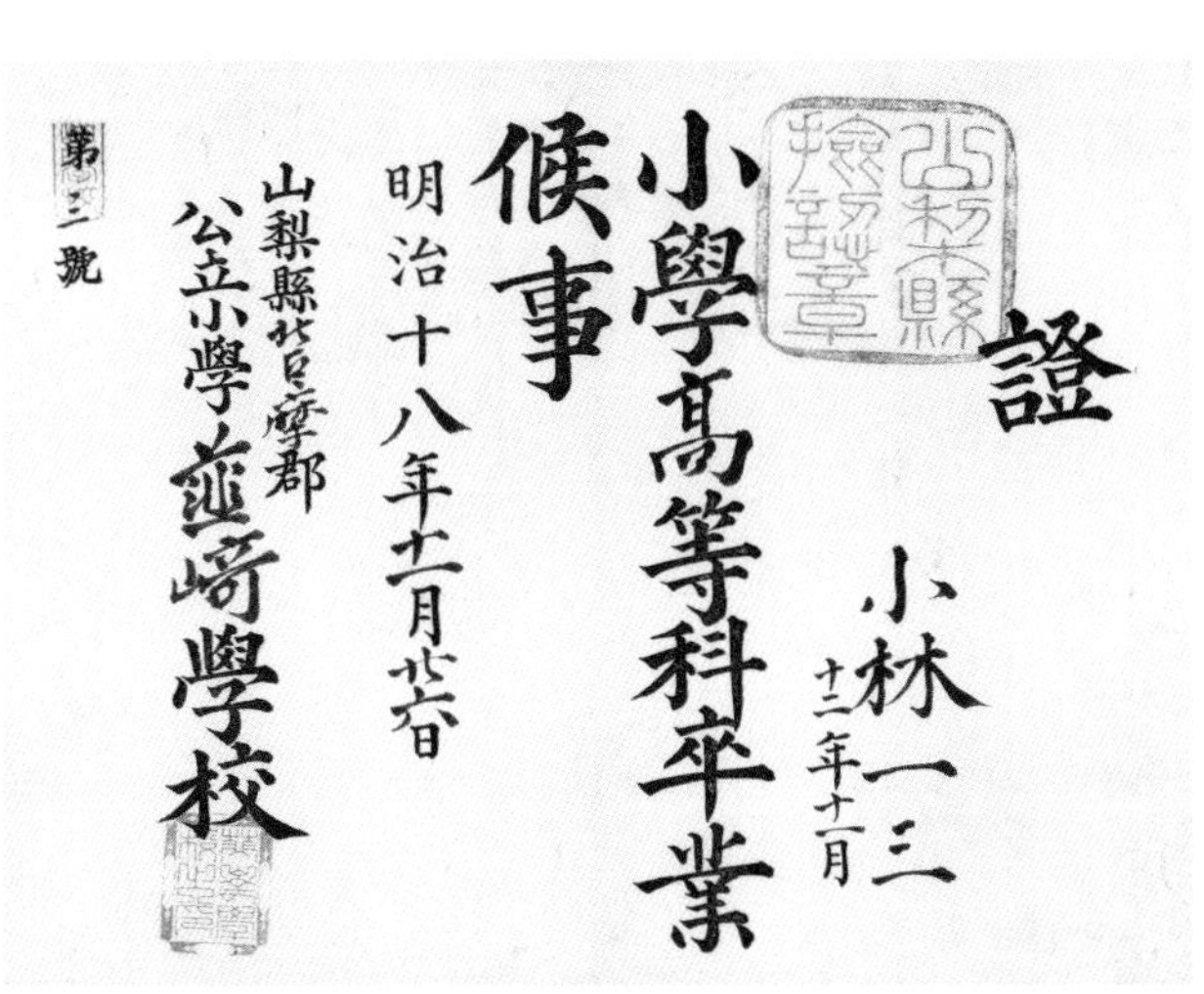

證
小林一三
十二年十一月
小學高等科卒業候事
明治十八年十二月廿六日
山梨縣北巨摩郡
公立小學韮崎學校
第三號

明治18年（1885）小学高等科卒業証書

たよ。思はないどころか、むしろ大いに軽蔑してゐたさ。」などといった、政治的な権力や権威に反発する信条についても記しています。長じて関西で「今太閤」と称されるほどの成功を収めた一三は、官界からの横槍を嫌ってあくまで民間の力と意志で事業を推進していきます。こうした記述からは、一三が「独立」や「民主」を価値あるものとする、その姿勢の原点が少年時代にあったように見ることもできます。

6 集合直訳

明治時代
公益財団法人 阪急文化財団

東八代郡南八代村（現在の笛吹市）の私塾・成器舎の寄宿生として学んでいたころの一三の語学ノート。表紙には「This book belongs to I.Kobayashi kai」と記されている。

（巻頭）

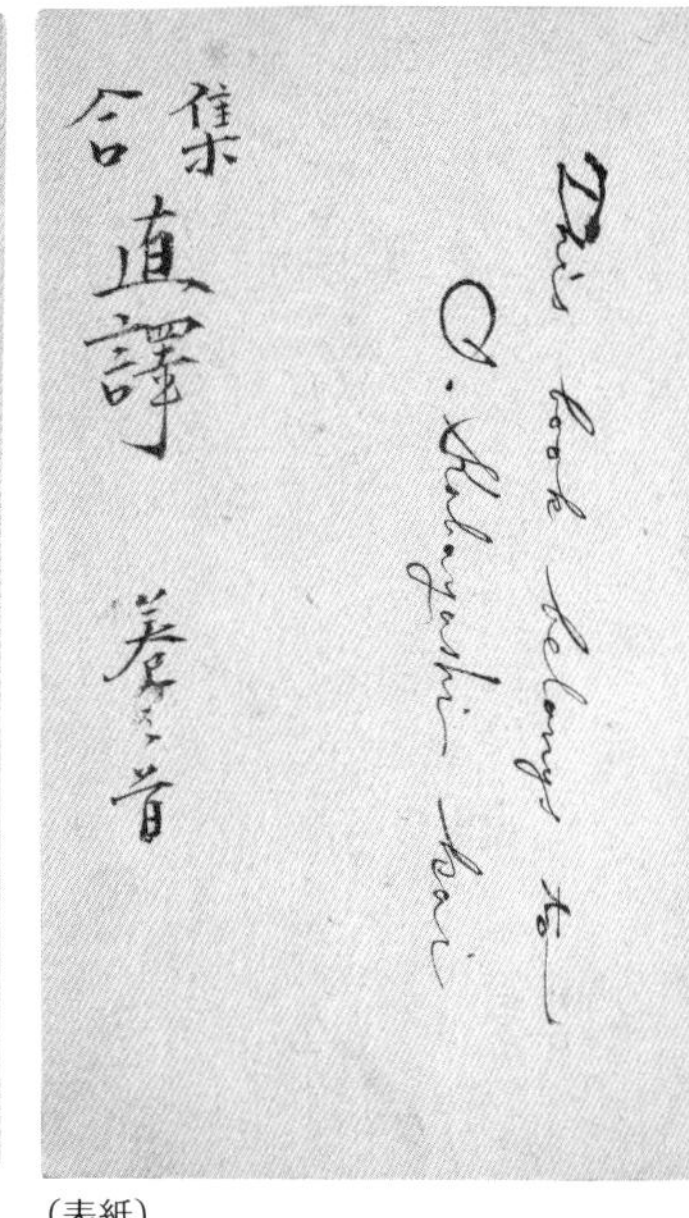

（表紙）

明治20年（1887）2月　成器舎にて

一三は韮崎学校を卒業後、十三歳で韮崎を離れ、民権家の加賀美平八郎（嘉兵衛）が東八代郡南八代村（現在の笛吹市）に開いていた私塾・成器舎へ進学しました。写真は成器舎二年目の頃のもので、中央で堂々としているのが一三です。一三はこの年に腸チフスに罹り、成器舎生活二年で退学してしまいますが、その後の一三の知識や教養の基礎が培われた貴重な二年間だったことと思われます。なお、成器舎では、一三と同時期の実業家として活躍する河西豊太郎（南アルプス市出身）や堀内良平（笛吹市出身）も学んでいます。

7
成器舎日誌（せいきしゃにっし）　第弐号（だいにごう）
明治時代
公益財団法人 阪急文化財団

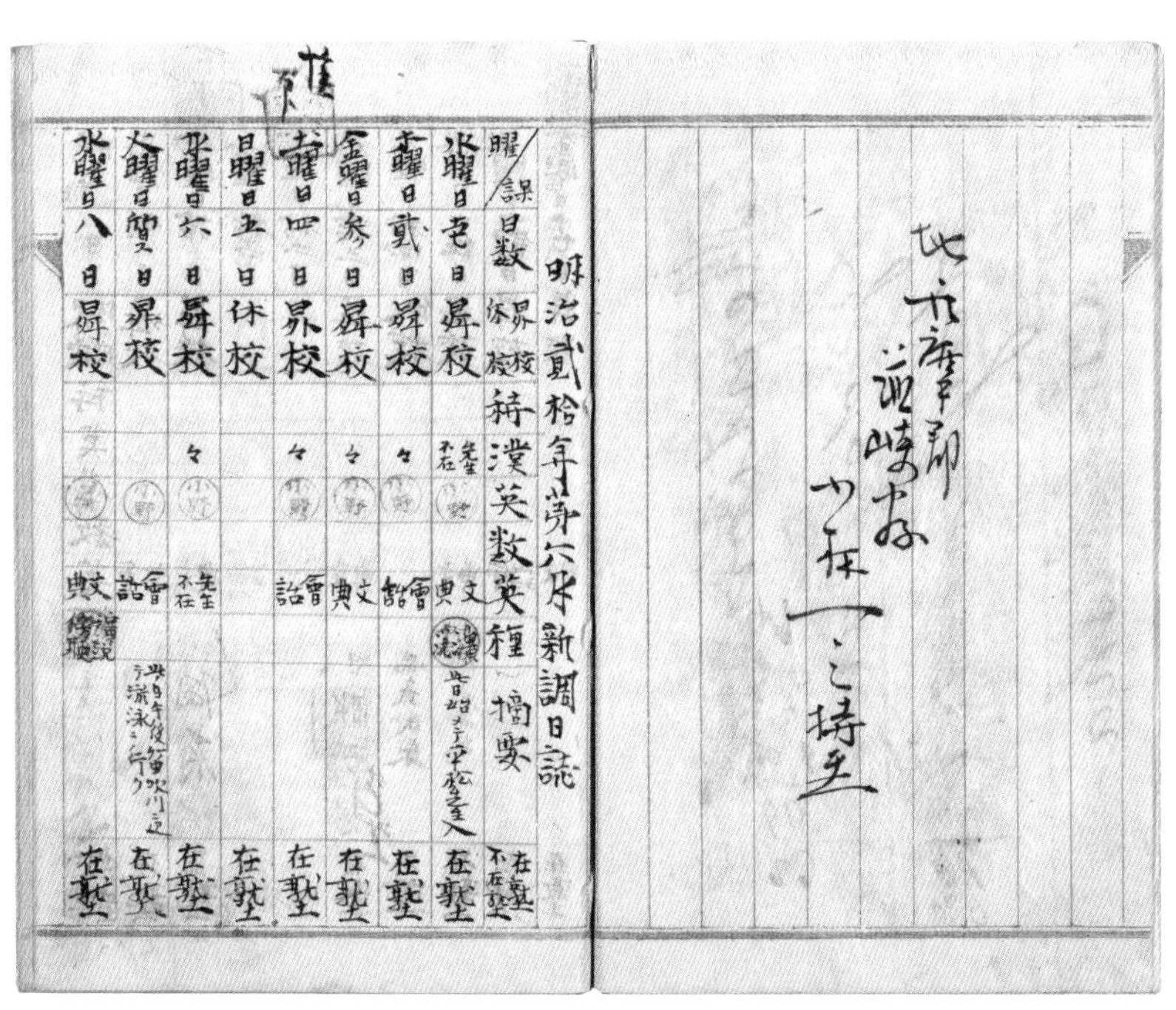

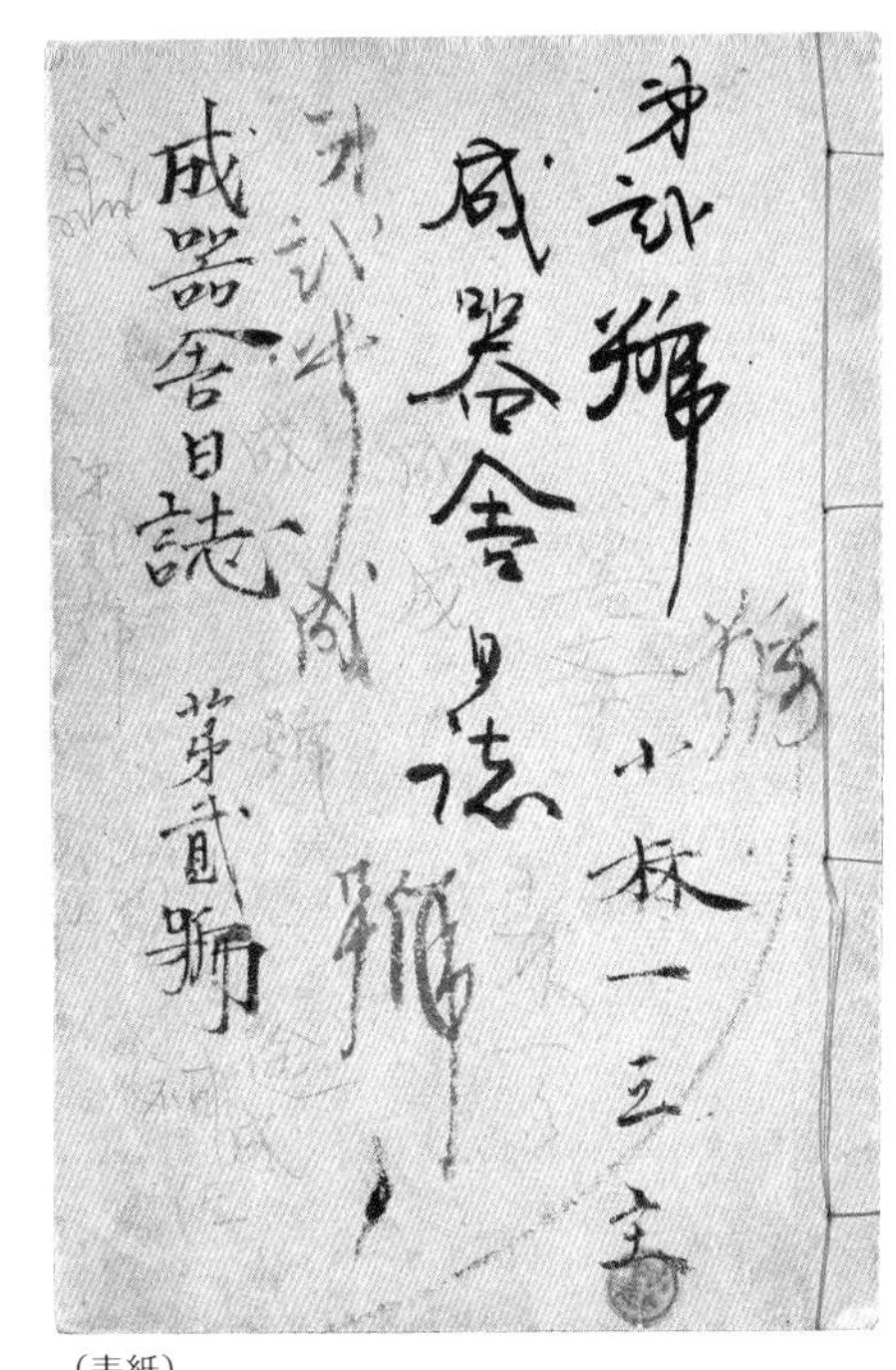

（表紙）

成器舎での一三の就学状況を記録したノート。基本的に日曜日は「休校」、その他の曜日は「昇校」、英語や漢文などのカリキュラムの一端もうかがうことができる。

8
小使雑扣（こづかいざっぴかえ）
明治時代
公益財団法人 阪急文化財団

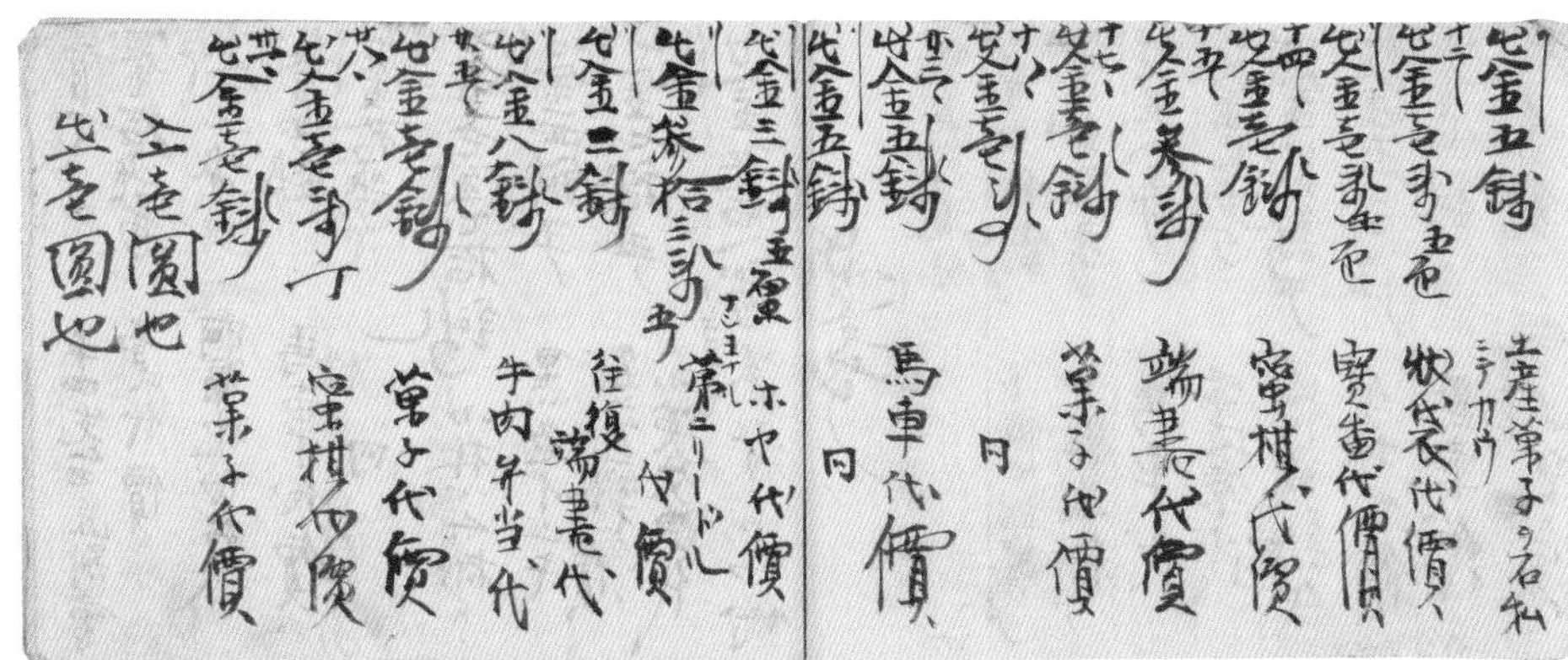

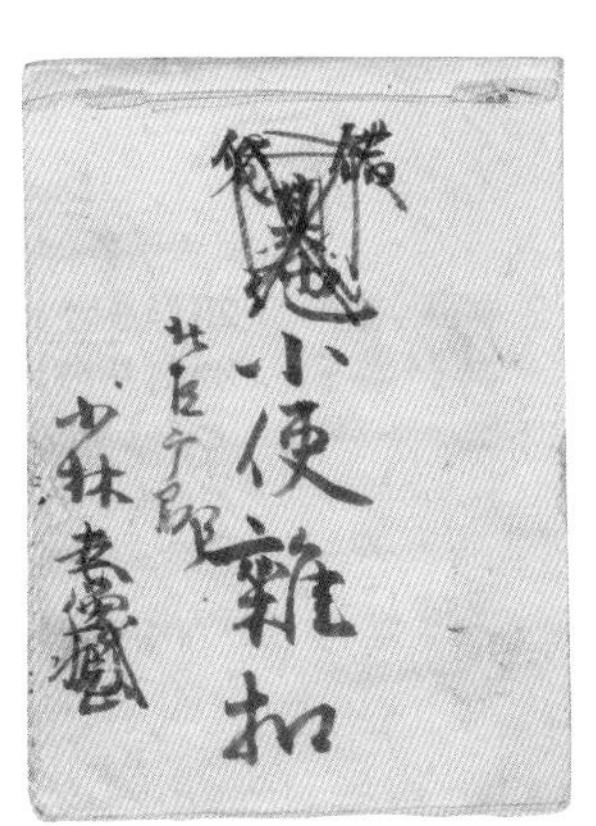

（表紙）

成器舎時代の一三の小遣い帳。中身を見ると、その使途についても詳細に記されている。表紙は「借貸其他」が抹消され、「北巨摩郡　小林大僧正」の署名の「大僧正」も「壱蔵(か)」と朱書で訂正されている。裏表紙は「河原部村（かわらべむら） 韮崎宿小林一三」と正しく記されている。

9
金銭出入帳（きんせんでいりちょう）
明治十八年(一八八五)十二月～明治十九年(一八八六)十二月
公益財団法人 阪急文化財団

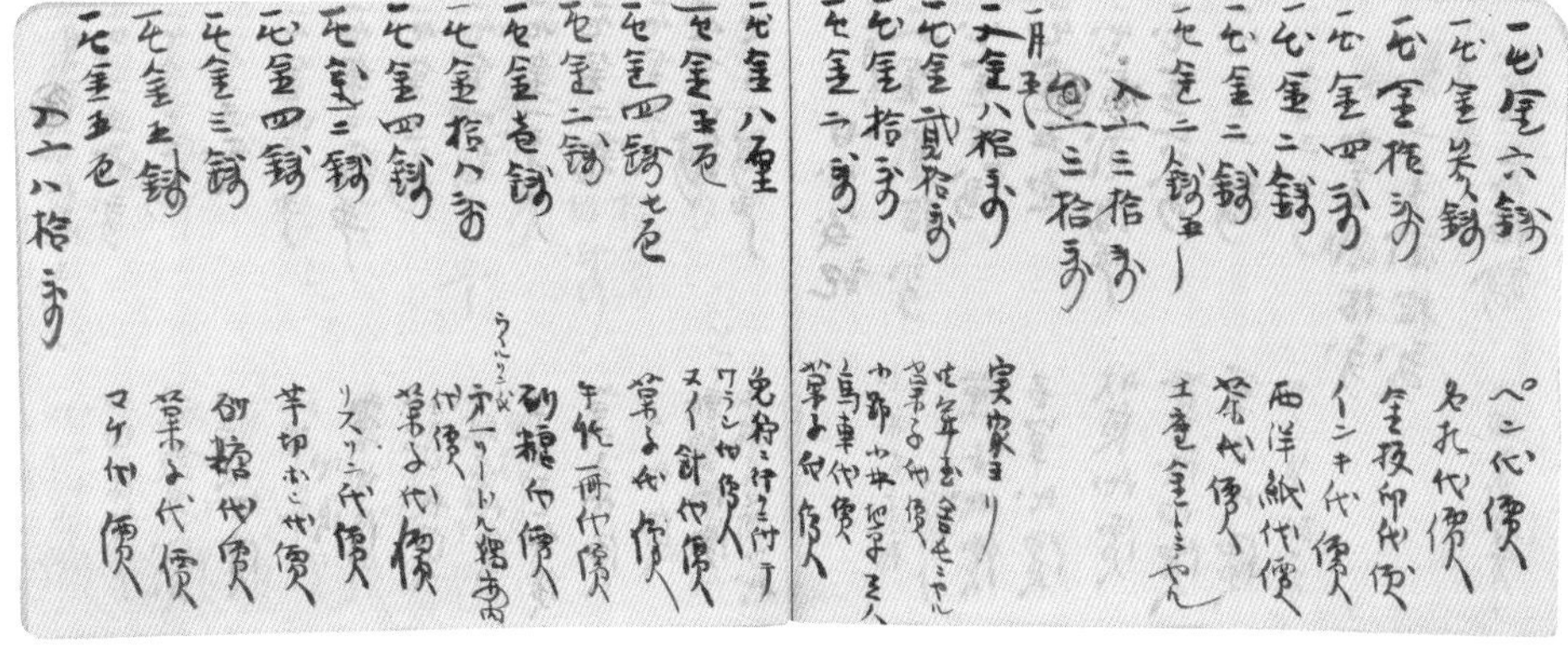

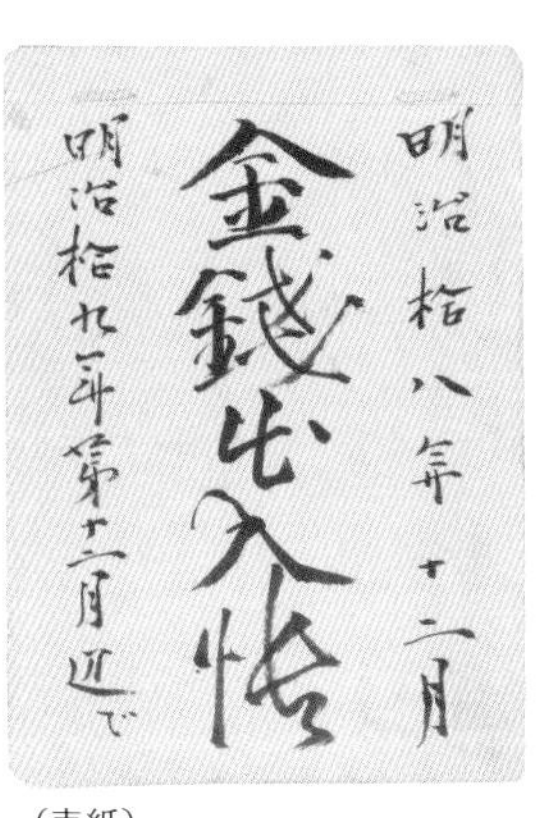

（表紙）

成器舎時代の一三の金銭出納簿。

明治21年(1888)5月　東京三田慶應義塾益田寄宿舎にて

明治24年(1891)6月　慶應義塾在学中の一三

慶應義塾に学ぶ

小林一三は明治二十一年(一八八八)、満十五歳で上京し慶應義塾に進学します。『逸翁自叙伝』の冒頭には、その上京が一三にとって「生れて初めて海を見た」ものだったことを記しています。山国から出て来た少年一三は、新たな世界へ一歩踏み出したのですが、取り巻く環境の変化にとどまらず、慶應義塾への進学は一三にとって大きな転機となりました。慶應義塾の福澤諭吉の影響は、一三の実業家としての「独立心」を養い、また慶應にいたことで、その後の三井銀行への就職などのキャリア形成にもつながりました。私たちが知るその後の実業家としてのサクセスストーリーの一方で、実際に一三が強く心惹かれていたのが小説家や新聞記者の道でした。

慶應義塾　同級生と

明治25年第三期慶應義塾卒業生

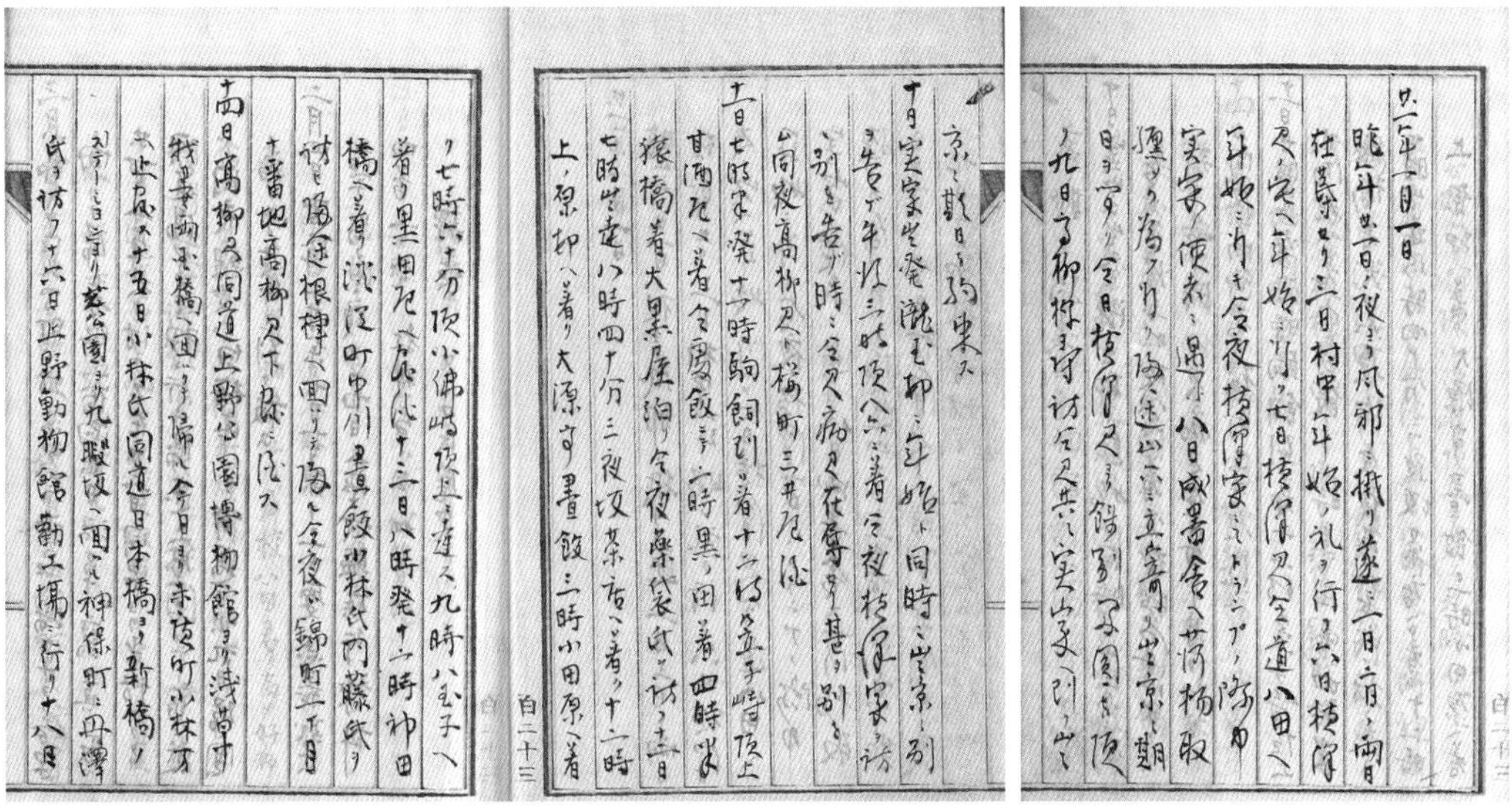

10
日記（記事録依小林　甲号）
明治時代
公益財団法人 阪急文化財団

山梨時代から上京後にかけての一三の日記。

11 小説「練絲痕」（公私月報第四七号附録）
昭和九年（一九三四）
山梨県立博物館（甲州文庫）

一三が慶應義塾時代に寄稿した小説「練絲痕」（明治二十三年〈一八九〇〉四月十五日〜二十五日　全九回）を再録したもの。宮武外骨が発行した東京帝国大学明治新聞雑誌文庫の活動記録である「公私月報」（第四八号）によれば、一三は若き日の作品を掲載した山梨日日新聞の複写を宮武に依頼したものの、当時の同文庫のコレクションに該当する号がなかったため、宮武は新規に収集し、これを「公私月報」第四七号の附録として再版した。宮武はこの再版本の巻頭に「由来風流雅懐人の少い実業家中に於て、逸山先生が少壮の頃にハヤ、此マセたる文藻のあつた事は異彩とせねばならぬ、後に少女歌劇の祖と成つて其趣味に耽り、近くは雅俗山荘漫筆の著を続刊さる丶のお道楽があるなど、寔に以てユエなきにあらずと知られよ」といった序文を寄せている。

（表紙）

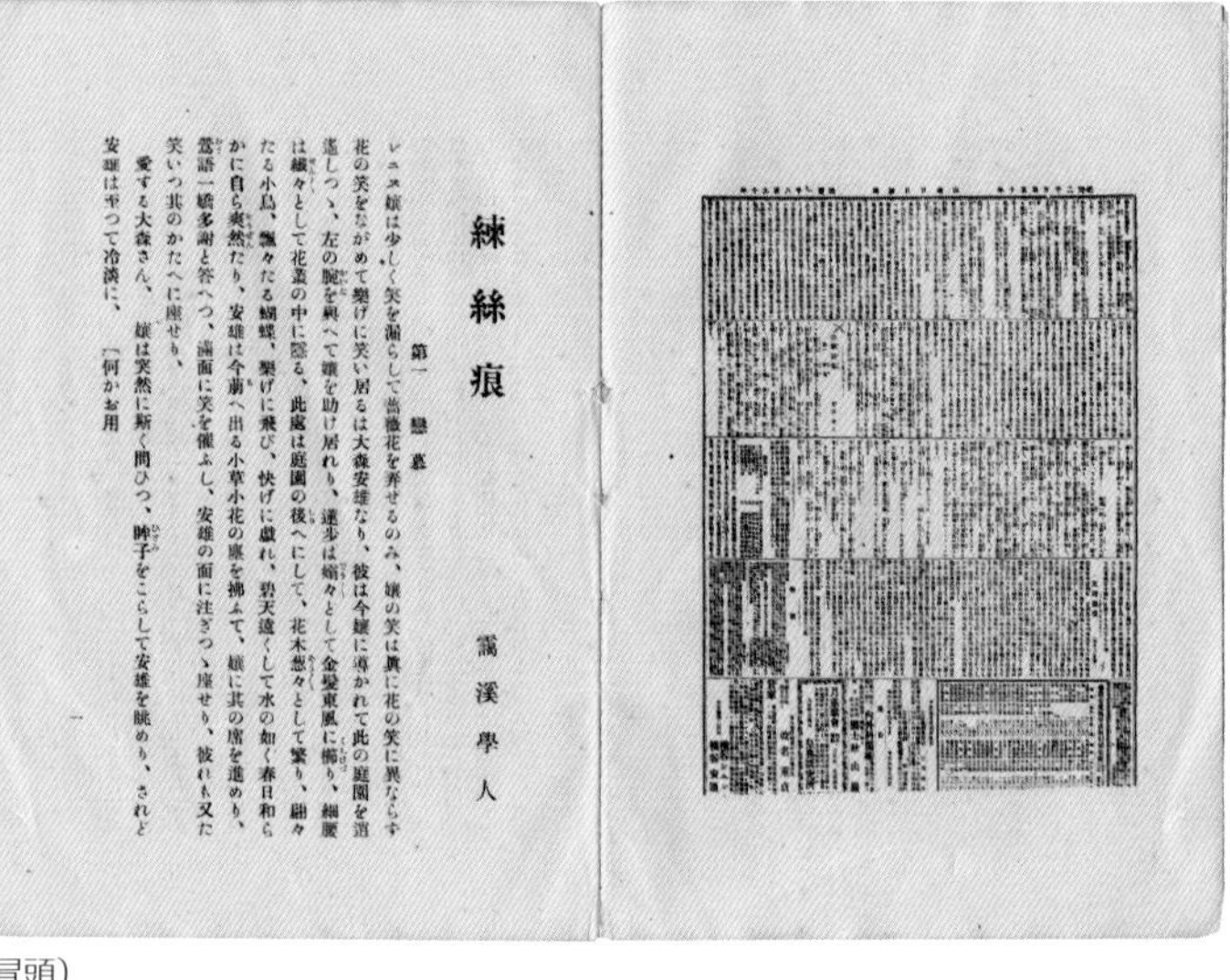

（冒頭）

「第一　恋慕」の掲載紙面（「山梨日日新聞」明治23年4月15日付）

文学青年　一三

一三は「練絲痕」の連載をはじめ、十代のうちから数々の文芸活動に励んでいます。『逸翁自叙伝』にも「練絲痕」連載の発端を記しており、実在のラージ氏殺人事件に題材を得たことと、そのために警察からの取り調べを受けた経緯を述懐しています。一三は、「如何に若気の至りとは言へ、こんなものを書いて、それで小説志願者であつたといふ過去を顧みると、何と無茶であつたかと、苦笑せざるを得ないのである。」と、当時の小説家志望についても回顧しています。

『逸翁自叙伝』では、「練絲痕」の三年後、三井銀行に就職する年に執筆した「平相国」や「お花団子」についても触れています。「平相国」については、その書き出しを自ら引用しつつ、「こんなもので果して小説家になり得たであらうか。」と自嘲気味に記しています。「お花団子」については、「上毛新聞（上野新聞）といふ地方新聞に「お花団子」といふ時代小説を連載して居つた。」とし、都新聞（現在の東京新聞）への就職を予定していたものの、諸事情によって断念することになった経緯を記しています。

小説家や新聞記者など、文学・文芸に関わる仕事を夢描いていた一三は、意に反して銀行へ勤めることになりますが、こうした一三の文学青年としての素養と活動が、のちの実業家としての発想と哲学へとつながっていくことになります。

12

宮武外骨筆　小林一三宛書簡（「練絲痕」掲載紙の発見について）

昭和七年（一九三二）十月十五日
公益財団法人 阪急文化財団

宮武外骨から一三に宛てた書簡。かねてからの一三からの依頼である「練絲痕」を掲載した山梨日日新聞のバックナンバーの収集について、宮武から一三に掲載紙が入手できたことを知らせる内容となっている。宮武は自らを「天祐の多い石寿翁」や「天祐の好運児」と称しつつ、一三に対して入手した「練絲痕」を「一冊の単行本にしてお目にかけませうか」と述べており、二年後の再版本（No.11）の製作は、この時から視野にあったのかもしれない。No.13は本資料の書簡に対する返信と考えられる。

（表）

［翻刻文］
大阪府豊能郡
池田町
小林一三様
東京本郷龍岡町十五番地
（宮武）外骨
電話小石川二六九番

（裏）

［翻刻文］
略報　天祐の多い石寿翁へ昨日ハ珍物五十
餘種入手、外ニ山梨日々新聞もあり
◎練絲痕　　靄渓学人
第一　恋慕　第二　無慘　第三　疑惑　第四　離別　第五　沈思
第六　履歴　第七　病床　第八　怨言　第九　嫌疑（完）
山梨日々新聞　自明治二十三年四月十五日発行第四
千五百六十九号、至同月二十五日四千五百七十八号、連
載完結　一冊の単行本にしてお目にかけませうか
「求むるものハ獲らる」とはいへ天祐の好運児でなく
ばと自慢してゐます
昭和七年十月十五日　　東京帝国大学明治新聞雑誌文庫ニて

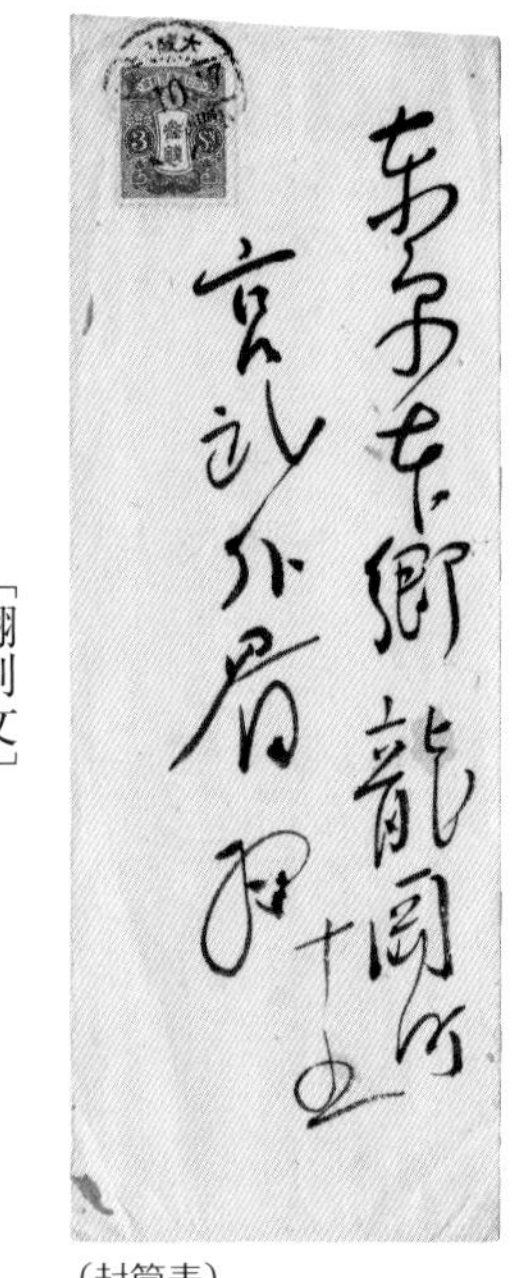

（封筒表）

［翻刻文］
東京本郷龍岡町十五
宮武外骨様

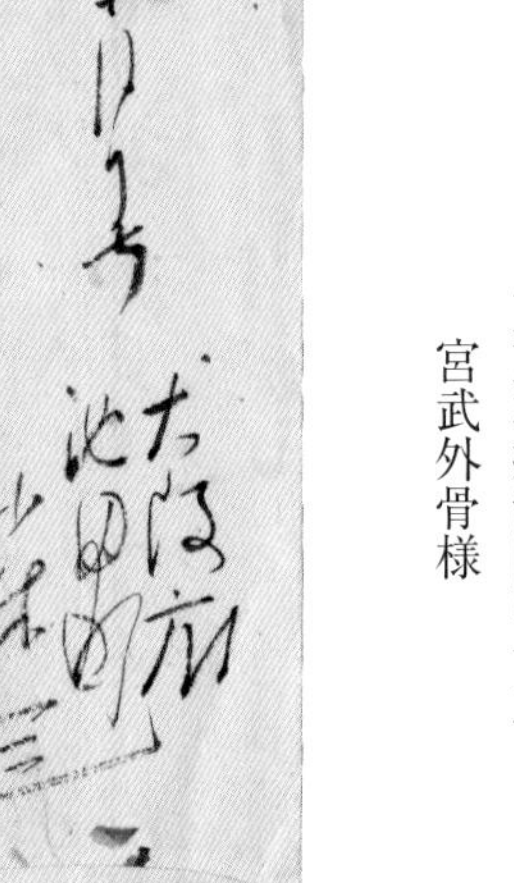

（封筒裏）

［翻刻文］
十月十七日
大阪府池田町　小林一三

13 小林一三筆　宮武外骨宛書簡（小説「練絲痕」について）

昭和七年（一九三二）十月十七日
山梨県立博物館（古文書雑輯（二））

一三から明治新聞雑誌文庫の宮武外骨に宛てた書簡。一三は慶應義塾時代に山梨日日新聞に「練絲痕」と題した小説を連載し、宮武にはその掲載紙となる古新聞の収集を依頼していた。宮武は掲載紙を収集し、一三は宮武の報告（No.12）に対して当時の経緯を振り返りつつ、上京した際の面会の意思を伝えている。宮武による「公私月報」（第二六号）によれば、一三は手紙を宮武に送った四日後の昭和七年十月二十一日に明治新聞雑誌文庫を訪れている。

（本文）

［翻刻文］

十月十七日

おハガキ拝見候。「練絲痕」
といふ小説その題の意味も
一寸不明なれど、ラージ殺
しを材料としたものならば
小生の作に疑なし。殊に
靄渓学人ハその頃の雅
号として使用したもの
なれば也。
その頃の事を思ひ出すと
モット長く書くつもりの処、
毎日誤植だらけにて
新聞を読む度にイヤ
になつて中止を申込ん
だやうに記憶せり。
先生御一読の上御
笑ひつゝ、其誤植を訂
正被下候ハ幸甚。
此夜東上、その新聞
を東京の方にて一寸
借読いたし度、
何分宜敷御願申上候。
不一
外骨先生　一三

宮武外骨「公私月報」にみる小林一三

宮武外骨（一八六七―一九五五）は香川県出身で、一三より六歳年長にあたります。彼らの交友は、宮武が大阪で出版活動に励み、一三が箕面有馬電気軌道の開業に漕ぎ付けたころ、明治の終わりごろからのものとされています。この小説「練絲痕」をめぐるふたりの関係は、本図録の巻頭にも紹介されていますが、宮武による「公私月報」には一三がたびたび登場しておりますので、ふたりの親交ぶりをみていきましょう。

「公私月報」における「練絲痕」に関する最初の記述は、第二一号（昭和七年五月執筆）に「実業界で有名な某氏」からの手紙による次のような依頼として登場します。

> 明治二十五六年頃の『山梨日々新聞』に、西洋人ラージー殺しを題材とした小説を連載された事がある、それは拙者の処女作、近頃復読して見たいナツカシ味が生じたから、見せて下さい、年月は忘れたが『山梨日々新聞』であつた事は確かである、小説の題も忘れたが、其題下に何々山人でなくば、何々生と書いてある筈、面倒な頼みだが、ヒマな時に探して下さい

「実業界で有名な某氏」とは、言うまでもなく一三のことですが、宮武が勤める東京帝国大学明治新聞雑誌文庫には、「山梨日日新聞」は残念ながら「練絲痕」の掲載号はおろか、「一枚の所蔵もない」状況だったのです。宮武は一三については「棄置けない情誼」があることから、甲州の人に依頼して、甲府の方で山梨日日新聞のバックナンバーについての調査をしてもらったものの、いまだ発見できていないと記しています。

そんな一三と宮武に朗報が飛び込んだのが、この年の十月のことです。「公私月報」第二六号（昭和七年十月執筆）には、十月十五日に「明治十七年以来の『山梨日々新聞』を十ヶ年分」の入手の目途がついたとの記事が掲載されています。№12の宮武外骨筆小林一三宛書簡（二三頁）をご覧ください。本資料は、まさにこの日に宮武が一三に向けて喜びの報告を届けたもので、文面からもその喜びと得意ぶりがみることができます。№13の小林一三筆宮武外骨宛書簡はこの返信にあたり、日付は十月十七日とありますから、一三も着信から即返信したことがうかがえます。「公私月報」第二六号には、十月二十一日に一三が本郷の宮武の元を訪れたとの記録が掲載されていますから、両者の深い信頼関係をみることができるといえるでしょう。

「練絲痕」をめぐる関係のほかにも、「公私月報」に一三はたびたび登場します。宮武は一三から『東京電燈株式会社開業五十年史』の編纂に関わる資料の収集を依頼されており（「公私月報」第四六号）、巻頭でも触れた「練絲痕」掲載紙買値釣り上げ問題（「公私月報」第四八号）の記事には、一三が宮武から蔵書を購入する際も買値を釣り上げ、宮武が大阪で新聞を出していた頃には、「社屋は家賃なしのロハで貸して呉れ、頼みもせぬに毎月末小林氏が来て「今月はどうぢや」と会計上の事を尋ね、五百円六百円投与された」とのエピソードを紹介しています。

一三は宮武の「外骨翁筆禍雪冤祝賀会」（昭和九年十月十一日日比谷公園松本楼で開催）にも出席し、心温まる？メッセージを寄せています。気になる方は、「公私月報」は複製版も刊行されていますので、第四九号・第五〇号をぜひご覧ください。

［翻刻文］
東京本郷区向ヶ岡弥生町二番地
半狂堂　外骨先生

（封筒表）

［翻刻文］
昭和三年四月弐日
大阪市梅田
阪神急行電鉄株式会社ニテ
小林一三

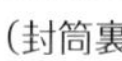
（封筒裏）

（本文）

14

小林一三筆　宮武外骨宛書簡（東京電燈勤務について）

昭和三年（一九二八）四月二日
山梨県立博物館（古文書雑輯（二））

一三から宮武外骨にあてた書簡。一三が東京電燈の副社長に就任してから十日あまりの時期に出したもので、大阪では宝塚や阪急電鉄にあたり、東京では東京電燈の経営にあたる生活について、「二足の草鞋をはいて東西ウロウロいたし」と自嘲気味な表現で語っている。

［翻刻文］
昭和三年四月二日
外骨先生
一三
小生洋行は東京電燈へ不得止勤務の為め一時中止、二足の草鞋をはいて東西ウロ〳〵いたし居候。御愍笑被下度候。
先日の分ハ如何に相成候哉。一寸御尋申上候。
小生東京住処ハ永田町一ノ十七、樺山伯爵の邸（内にを借り仮寓候）方也。右当用まで。

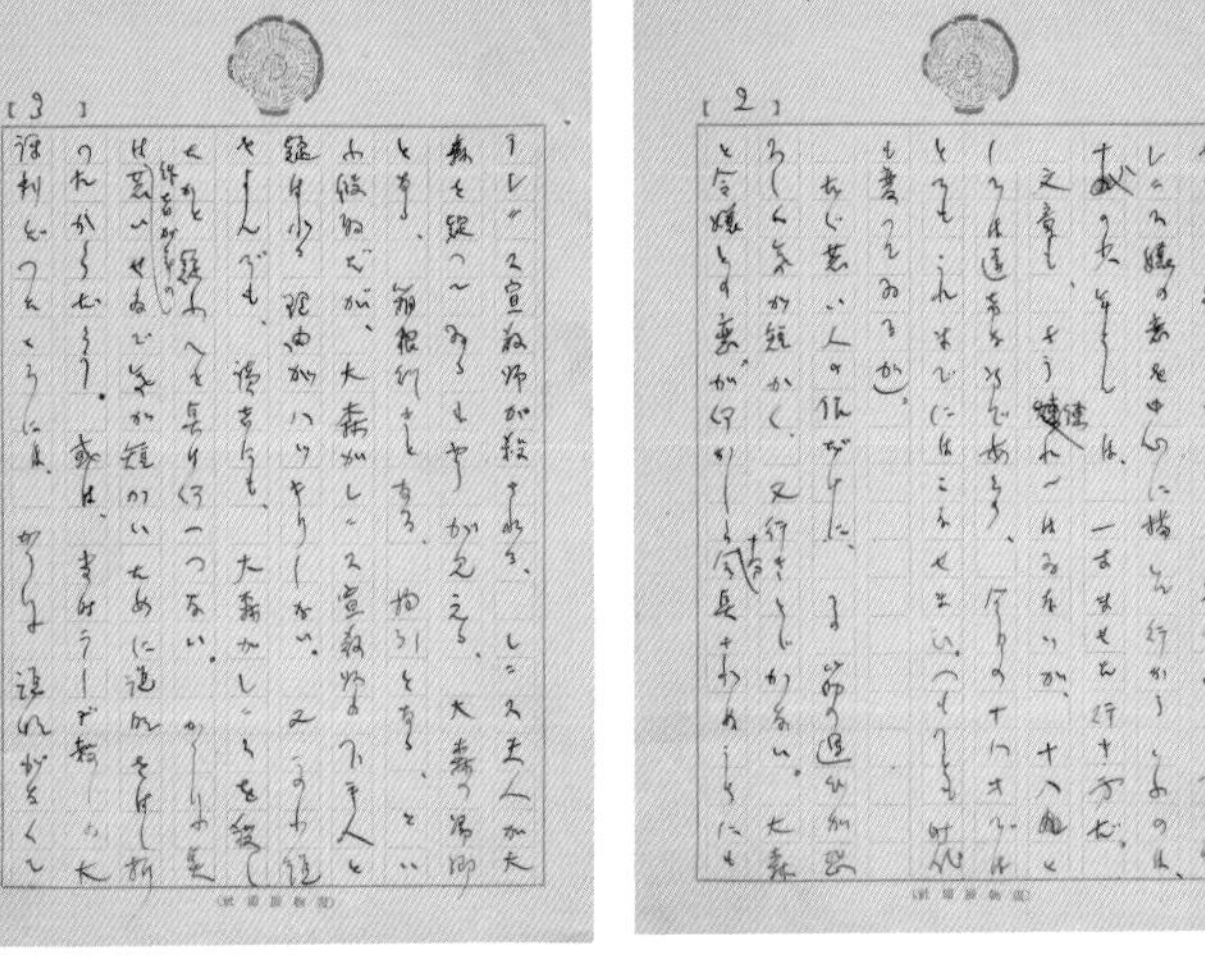
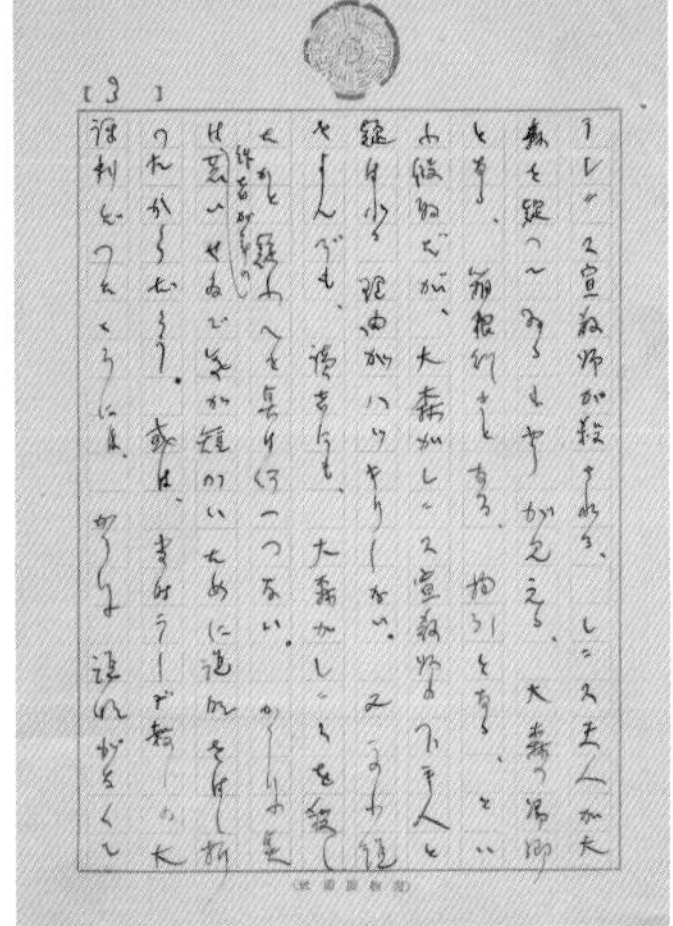
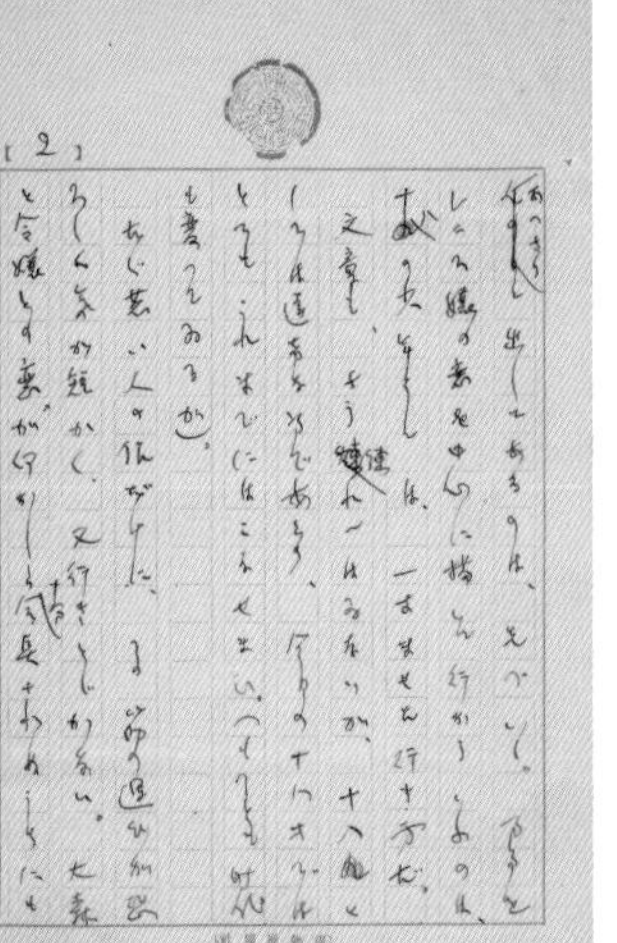
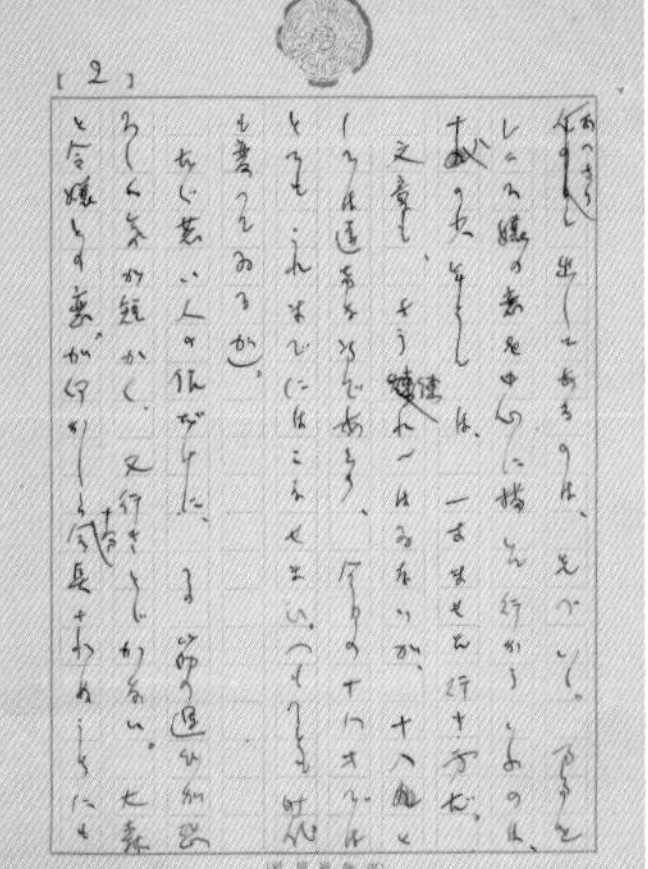
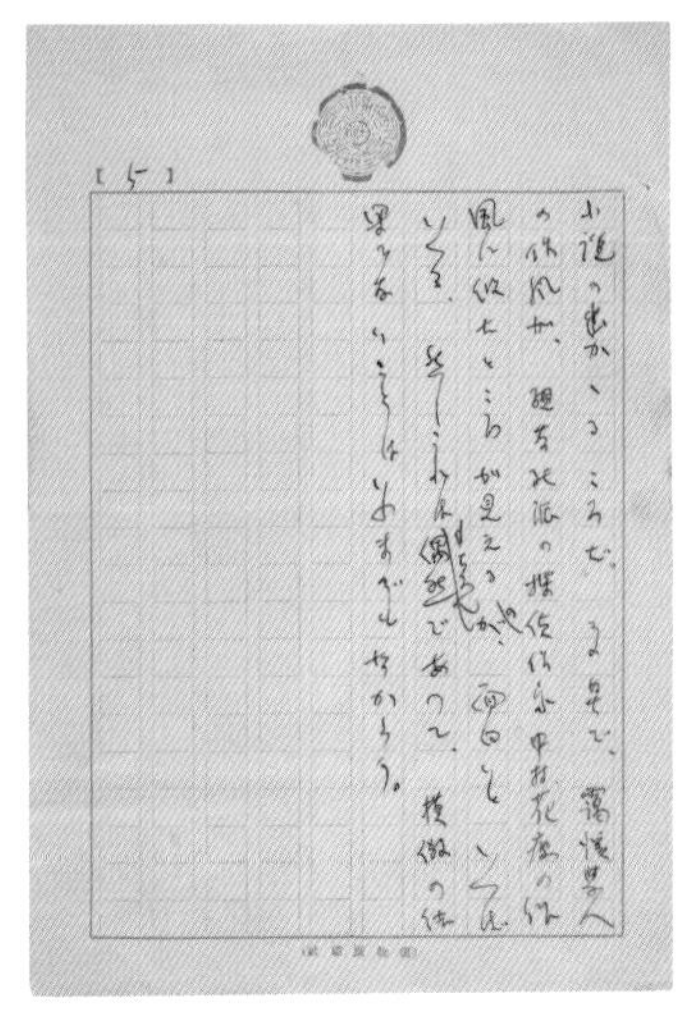
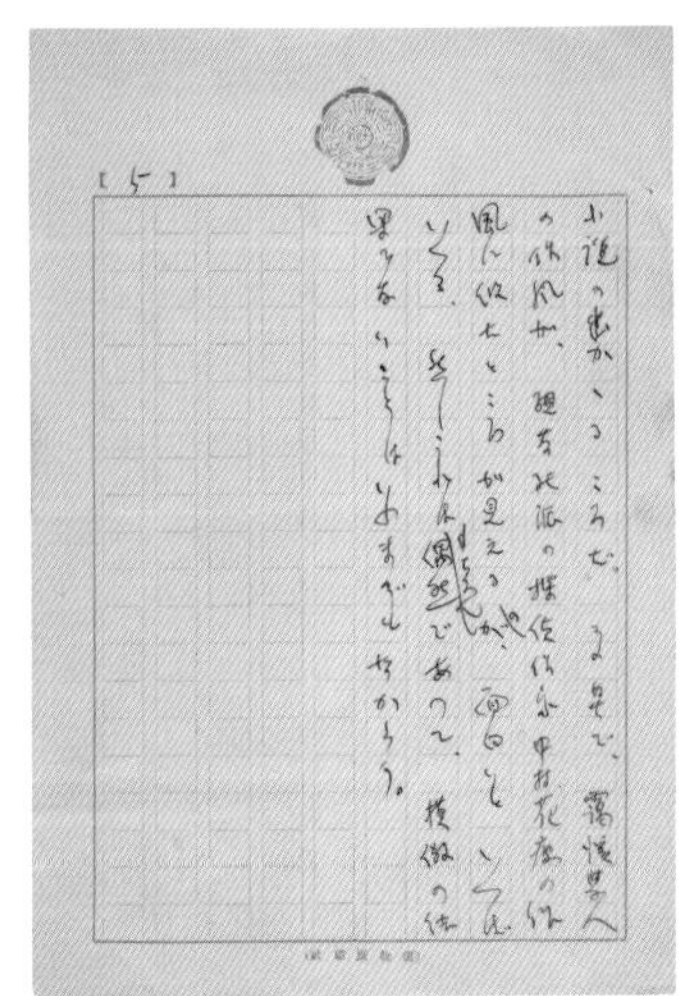

15

柳田泉筆「練絲痕の読後に」原稿

昭和時代
公益財団法人 阪急文化財団

「公私月報」の附録として再版された小説「練絲痕」（No.11）の巻末に掲載された書評の原稿。筆者は文学研究者の柳田泉。一三の文才について、柳田は文中において「若しこのまゝ小説道に入つたら、勉強次第で或は明治文学華やかなりしころの紅露逍鴎とは列伍されぬまでも、十指のち（ママ）には入る大物となつたかも知れない」と、尾崎紅葉や森鴎外らに次ぐクラスの小説家になり得た素質と評価している。

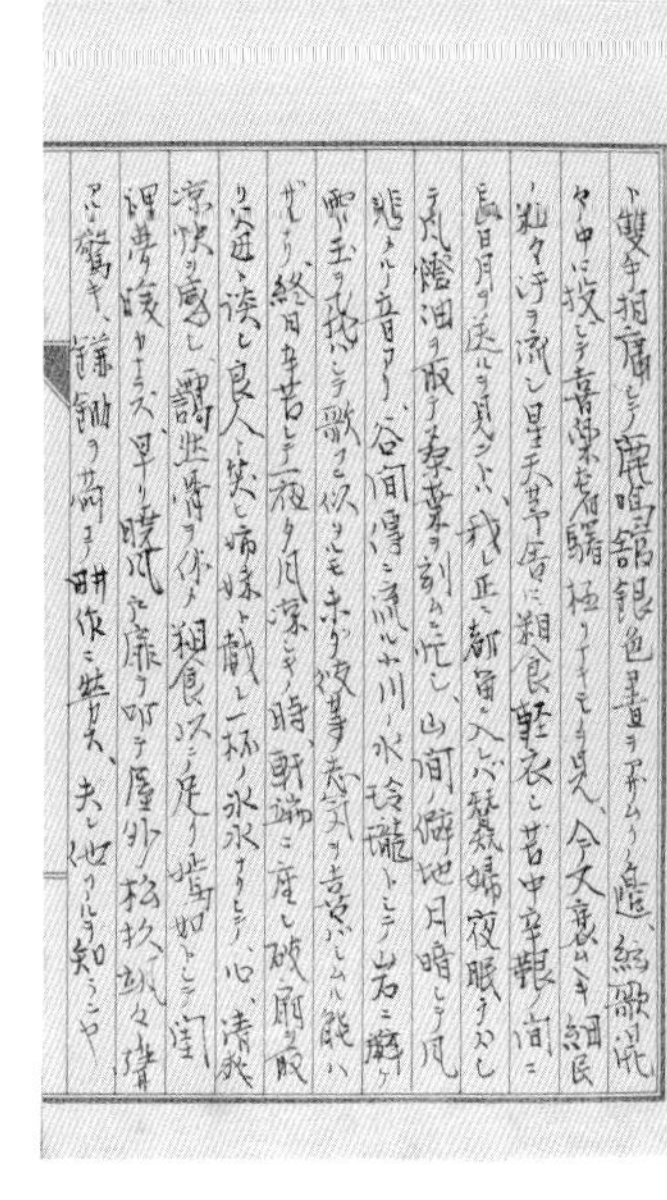

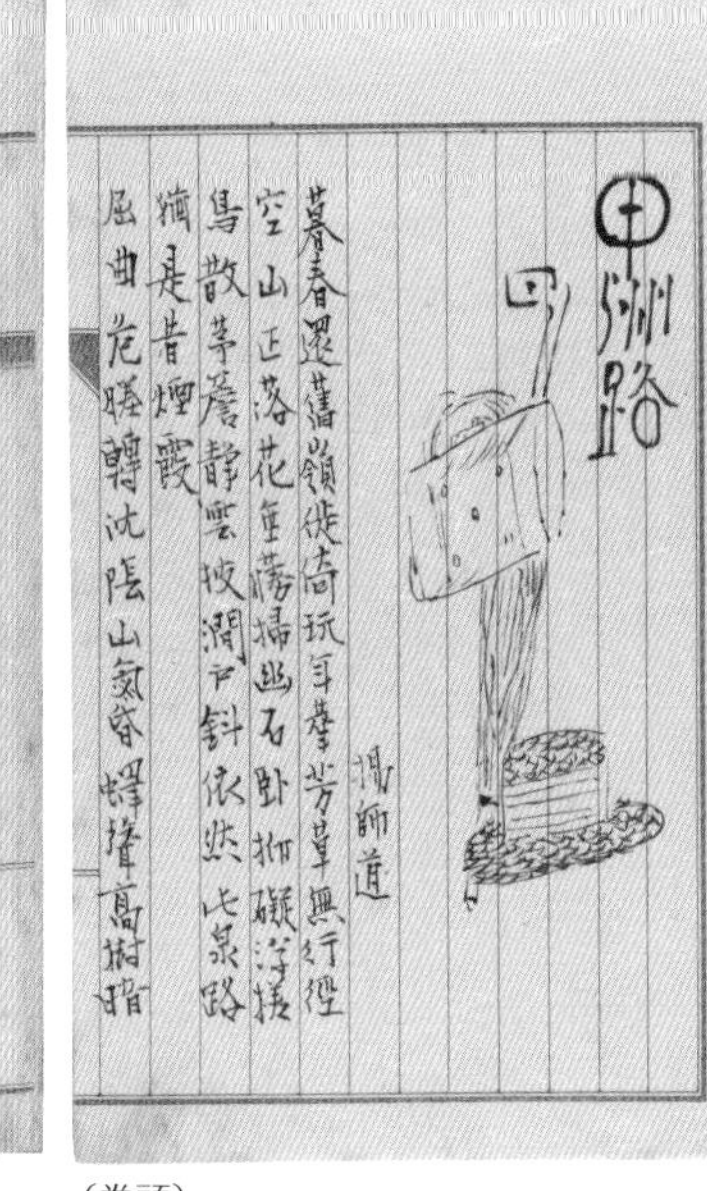
（巻頭）

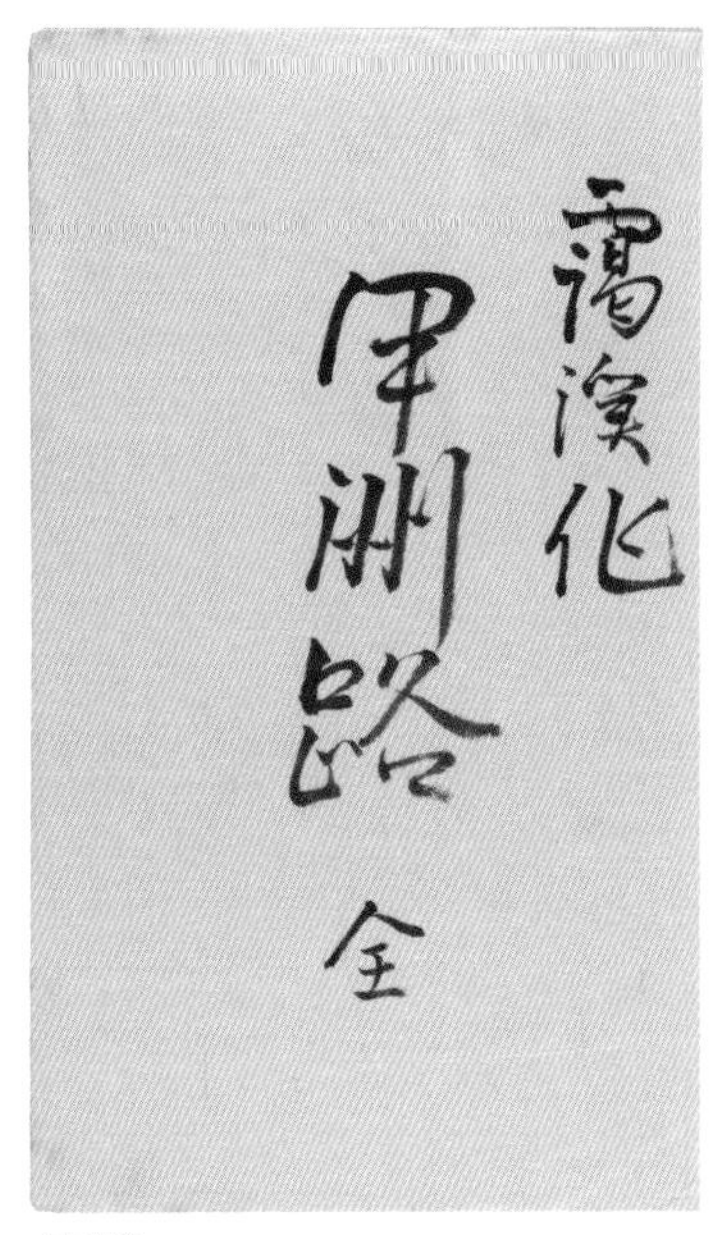

（表紙）

16
小林一三筆　甲洲路
明治二十四年（一八九一）
公益財団法人 阪急文化財団

慶應義塾在学中の一三が執筆した小説の未発表原稿。標題通り新宿から故郷の韮崎までの甲州街道の風景を描写した内容となっている。

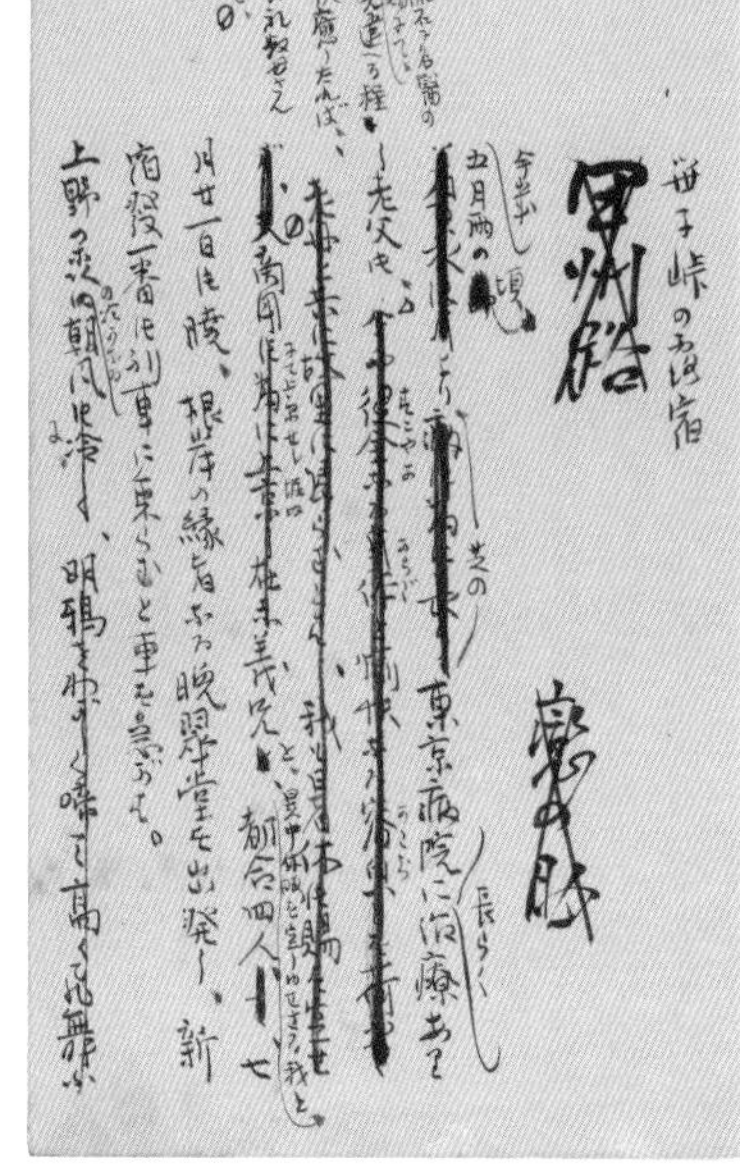
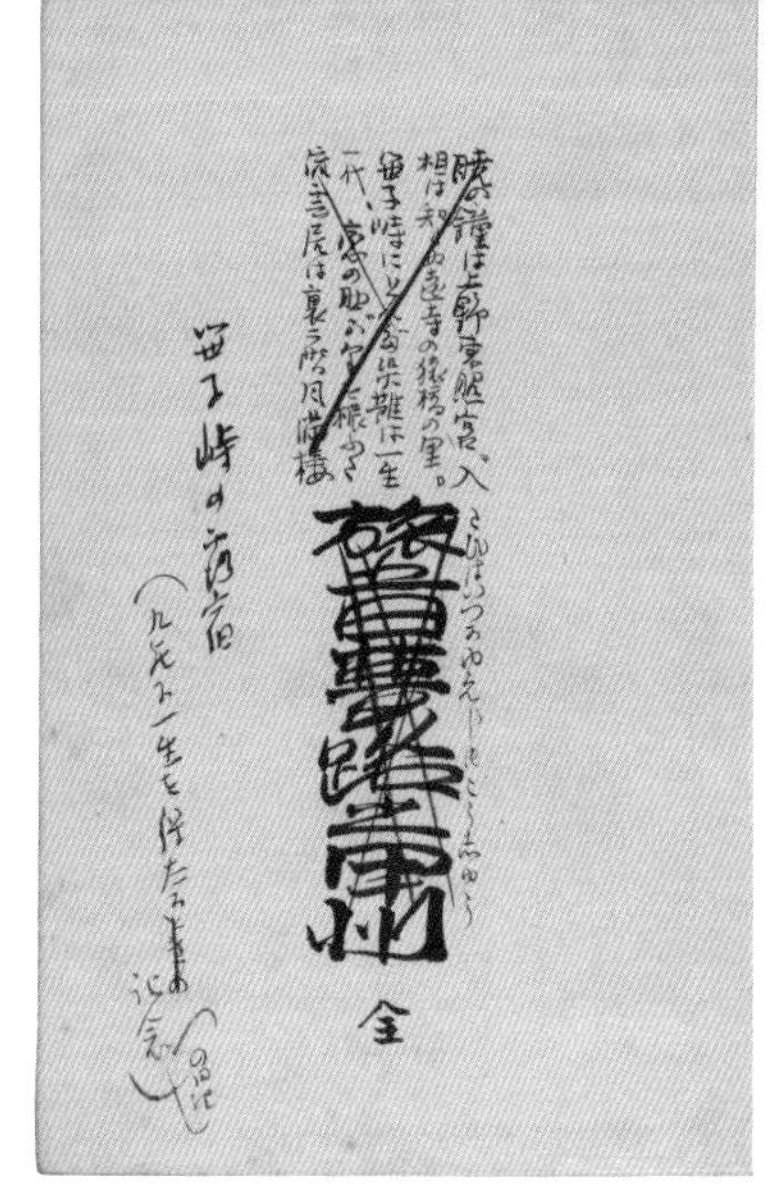

17
小林一三筆
笹子峠の露宿
明治二十五年（一八九二）
公益財団法人 阪急文化財団

慶應義塾在学中の一三が執筆した小説の未発表原稿。「甲洲路」（No.16）同様、東京から一三にとって故郷である韮崎を目指す旅を軸に描いた作品。本作においては、旅の途中の笹子峠で大雨に遭い、大きな水害に直面する描写が山場となっている。

(本文巻頭)

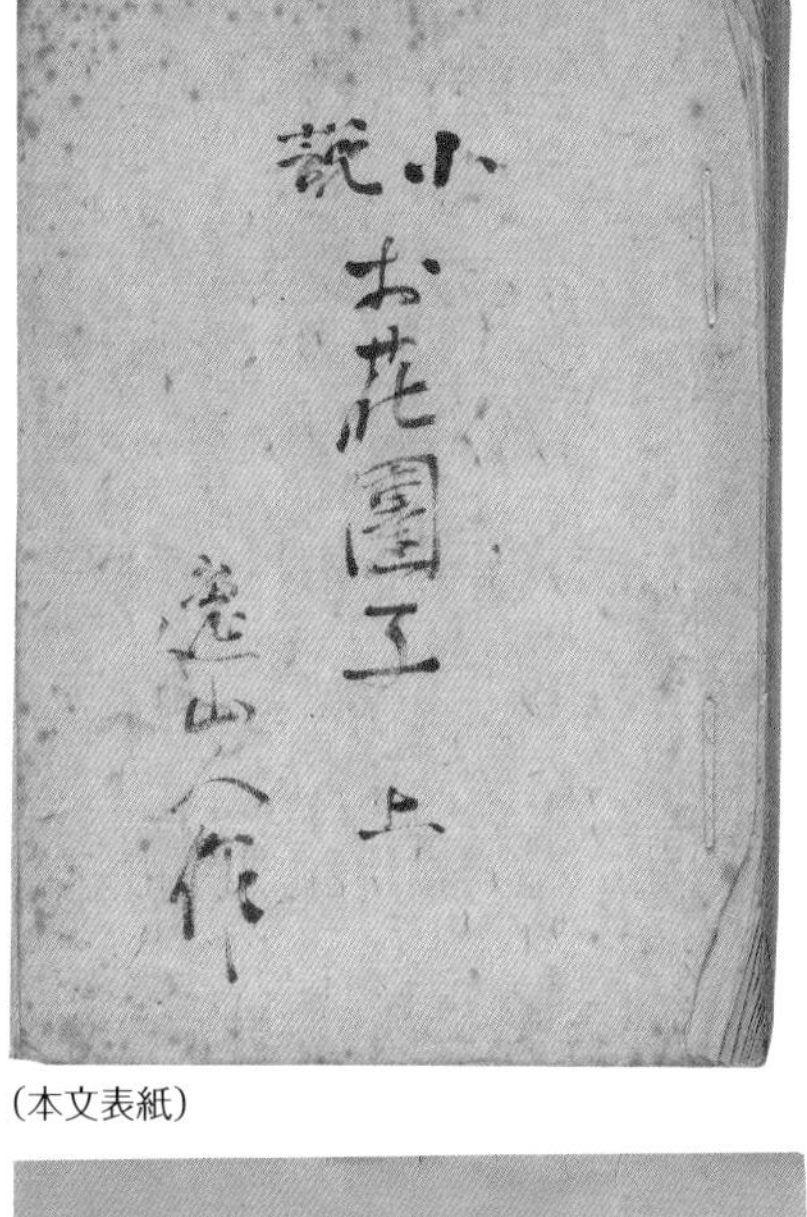

(本文表紙)

(本文巻末)

(挿絵)

18

新聞切り抜き帳
小林一三著「お花団子」（本文、挿絵）

明治二十六年（一八九三）

公益財団法人 阪急文化財団

一三が「上野新聞」に連載した小説「お花団子」の掲載部分の新聞スクラップ。表紙には「逸山人」の署名が記されている。挿絵のスクラップには、「この小説は田舎新聞に珍らしい挿絵を入れて三十三回つゞいた。時代ものは私、現代ものは田山花袋、同時に、二人がデビューしたのである」という一三のメモが添えられている。

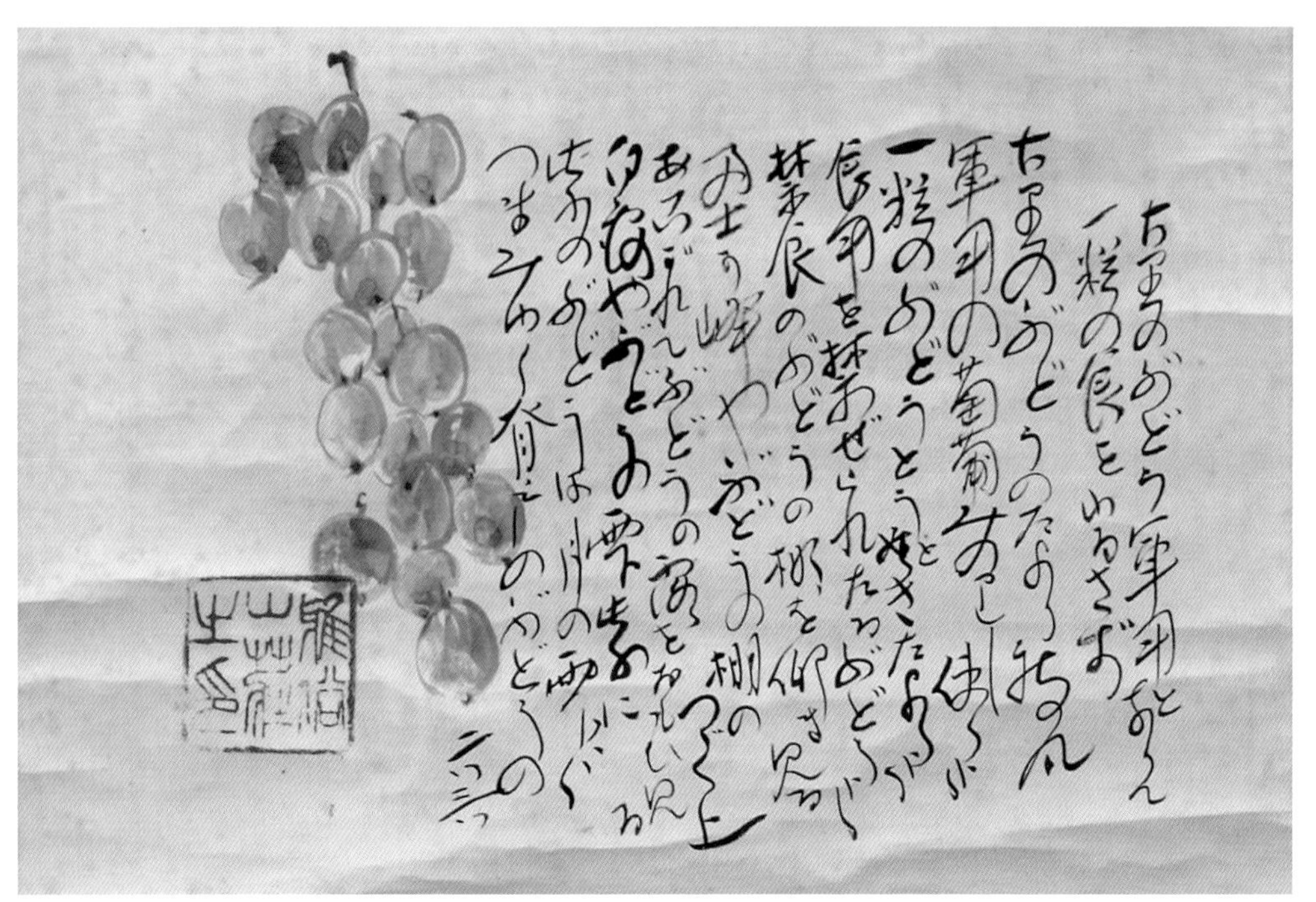

19

小林一三筆 葡萄図

昭和時代か

個人

一三が葡萄について詠んだ句と絵。「大卞のぶどう軍用とならん 一粒の食をゆるさず」と題して、十の句を甲州葡萄と思われる絵に添えている。落款は「雅俗山荘之印」とある。酒石酸製造のために、葡萄の生食が禁じられた昭和十九年（一九四四）ごろの作だろうか。

阪急電鉄創立と沿線開発

慶應義塾を卒業した小林一三は三井銀行に勤務し、のちに鉄道経営に転じて、箕面有馬電気軌道（現在の阪急電鉄）を創立します。とはいえ、新たな鉄道は発達した都市を連絡するようなものではなく、田園風景のなかを行く計画だったことから「ミミズ電車」とも言われてしまうものでした。そのような船出から、一三は沿線の開発によって「乗客を創造」し、「ミミズ電車」を「最も有望なる電車」へと進化させたのでした。

東京本店勤務
小林一三
大阪支店勤務申渡
明治二十六年九月八日
合名會社三井銀行
總長三井高保

20
三井銀行大阪支店辞令
明治二十六年（一八九三）
公益財団法人 阪急文化財団

一三の大阪支店への異動を命じる辞令。入社から半年足らずのこの異動が、のちに関西で成功を収めることとなる一三の運命を大きく動かすことになる。当時の大阪支店長は茶人としても著名であり、後年まで親交を持つこととなる高橋義雄（箒庵）。

明治30年(1897)7月
三井銀行名古屋支店勤務時代

三井銀行へ

「どうしても銀行にゆくのは気が進まない」（『逸翁自叙伝』）。一三は、新聞記者の夢が破れて三井銀行への就職が決まりますが、故郷の韮崎から熱海に友人を訪ねたりと、なかなか銀行に行かずに過ごし、入行したのは予定から三か月ほど過ぎた明治二十六年（一八九三）四月四日のことでした。まったく気が進まない一三の三井銀行への就職でしたが、本人の意思というよりも、三井財閥の中心人物・中上川彦次郎の、慶應義塾出身者の積極的登用によるものでした。

入行した一三は本店秘書課に勤務し、言わば研修期間が過ぎ、この年の九月に大阪支店への転勤が命ぜられます。当時の大阪支店長は高橋義雄（箒庵）で、その後支店長には岩下清周が就任しますが、銀行員として彼らの元で働いた経験と結ばれた親交は、のちの実業家や文化人としての一三の活躍へとつながっていきます。また、この転勤は一三が関西財界の巨頭となり、「今太閤」と称されるに至る大きな転機となりました。

その後一三は名古屋支店へ転勤し、のちに阪急電鉄の社長を務めることになる支店長平賀敏の知遇を得ます。そして再び大阪支店へと転勤し、明治三十三年（一九〇〇）十月に大阪で結婚して所帯を持ちます。その翌年に東京へと転勤しますが、これが一三の銀行員としての最後の異動となりました。

明治四十年（一九〇七）一月、三十四歳の一三は、かつての上司である岩下清周や三井物産の飯田義一に誘われ、大阪で日本初の証券会社を設立するプロジェクトに参加するため、一四年近く勤務した三井銀行を退職します。

ところが日露戦争後の恐慌の余波で証券会社は成立せず、一三は無職の境遇となってしまいました。しばし浪人の時を過ごしますが、飯田義一に阪鶴鉄道（現在のJR福知山線）の監査役への就任を要請され、一三は終生の仕事のひとつである鉄道と出会うことになります。

21

小林一三筆　筋書

明治時代（一八九〇〜一九〇〇年代）

公益財団法人 阪急文化財団

三井銀行勤務時代の一三による創作メモ。合名会社三井銀行の罫紙に認められており、内容は恋愛小説のあらましを書き出したもの。

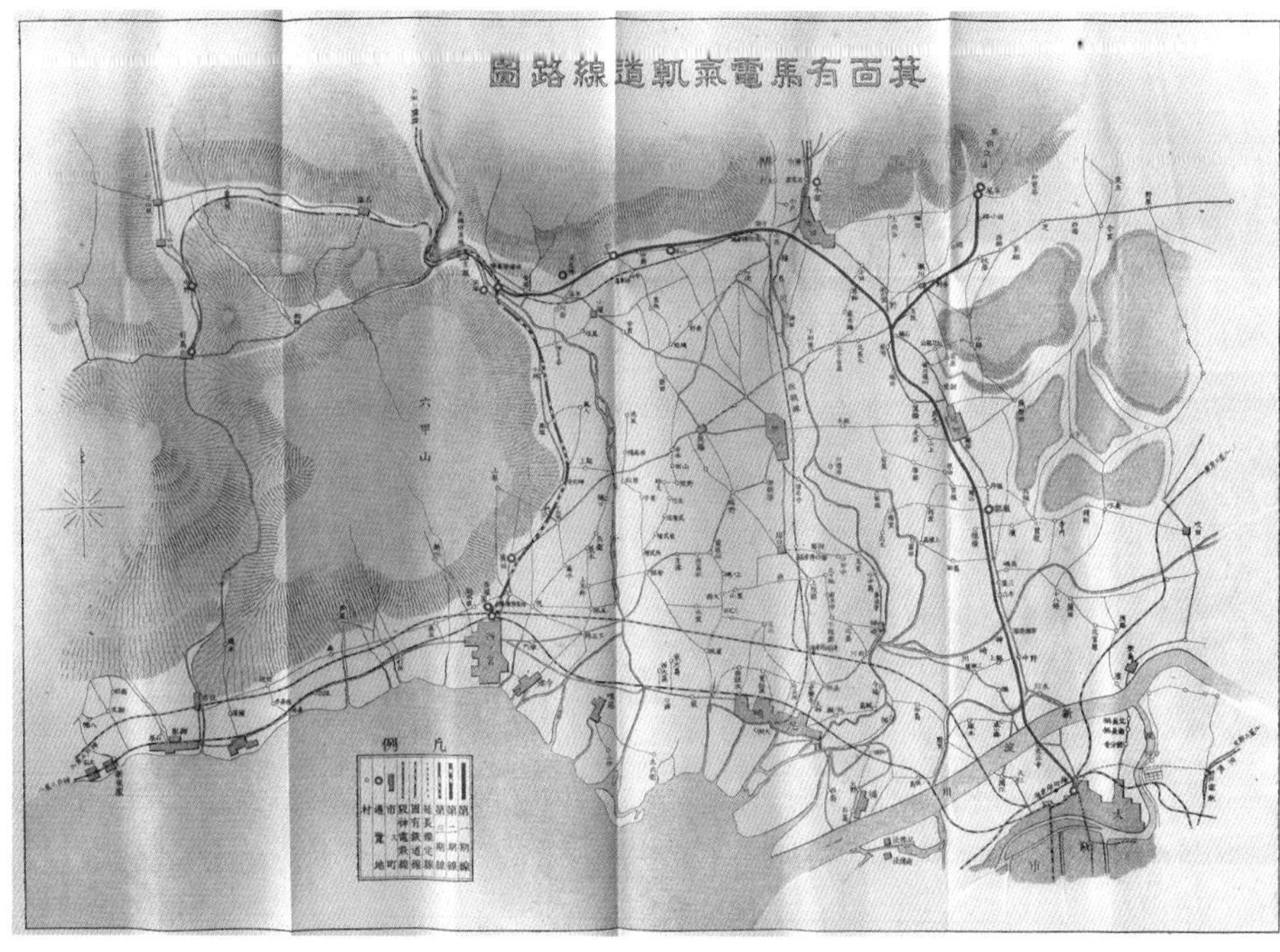

「最も有望なる電車」 綴じ込み路線図

「最も有望なる電車」 明治41年(1908)

一三の「最も有望なる電車」

一三が監査役に就任した阪鶴鉄道は、鉄道国有法による買収が予定されており、同鉄道の経営陣は、買収対象のＪＲ福知山線にあたる現行路線とは別ルートで大阪に至る新鉄道・箕面有馬電気鉄道（のち軌道）の準備を進めていました。ところが、折からの戦後恐慌は、この鉄道の資金調達にも影響を及ぼし、箕面有馬電気鉄道の発足は投資家たちから危ぶまれるような状態になりました。

開業当時の新淀川鉄橋と一形車両

一三は北浜銀行の岩下清周に自らの考えを示しつつ相談したところ、岩下は「君が私に仕事をやらせて頂き度いといふやうな申条では駄目だ。君も三井を飛び出して独立したのであるから、自分一生の仕事として責任を持つてやつて見せるといふ決心が必要だ」（『逸翁自叙伝』）と、一三の覚悟を確かめつつ助言し、助力を約束してくれました。改めて覚悟を決めた一三は、古巣の三井の支援や、親戚にあたる小野金六ら甲州財閥の協力を得て、なんとか資金面の目途を立てることに成功しました。そして、箕面有馬電気鉄道（明治四十年〈一九〇七〉六月一日から箕面有馬電気軌道に改称）の株式の引き受けなどの資金面での全責任を負うことを条件に、一三は同鉄道の発起人・創立委員の面々から、創業に関わるすべての権限を自らの裁量とすることに成功したのです。こうして、この年の十月十九日、箕面有馬電気軌道株式会社が創立し、一三は専務取締役に就任しました。

一三の目論見としては、沿線の土地を買収して、住宅地として開発して販売することで利益を確保する、こうした計画を示すことで、箕面有馬電気軌道への不安を払拭しつつ、さらなる投資を呼び込もうとするものでした。この計画を進めるための広報として製作されたのが、「最も有望なる電車」をはじめとするパンフレットでした。「最も有望なる電車」には、箕面有馬電気軌道の建設費や工事内容をはじめ、沿線の住宅地のあらましを記し、問答形式で投資家の不安や疑問に丁寧に答える内容のものでした。

明治43年(1910)　開業当日の宝塚駅

明治43年(1910)　開業当日の梅田駅

開業当時のポスター　女性が手にする団扇には、アルファベットのMとAを重ねた箕面有馬電気軌道の社章と路線図が描かれている。

22

箕面電車回遊双六（みのおでんしゃかいゆうすごろく）

大正二年（一九一三）

公益財団法人 阪急文化財団

一三が創立した箕面有馬電気軌道（のちの阪急電鉄）の沿線を双六で紹介したもの。「ふり出し」は現在の阪急電車の起点でもある「うめだ（梅田）」の電車乗り場。「ウゴキマース」の車掌の合図とともに、沿線の駅と名物、新たに作られた住宅地などが交互に登場するマス目が続き、「上り（あが）」は電車の終点にオープンしていた「宝塚パラダイス」となる一種の道中双六となっている。食事や宿泊のマス目では一回・二回の休み、温泉のマス目では着衣を一枚脱がねばならなかったり、双六に付きもののペナルティも多彩な構成になっている。

三国発電所

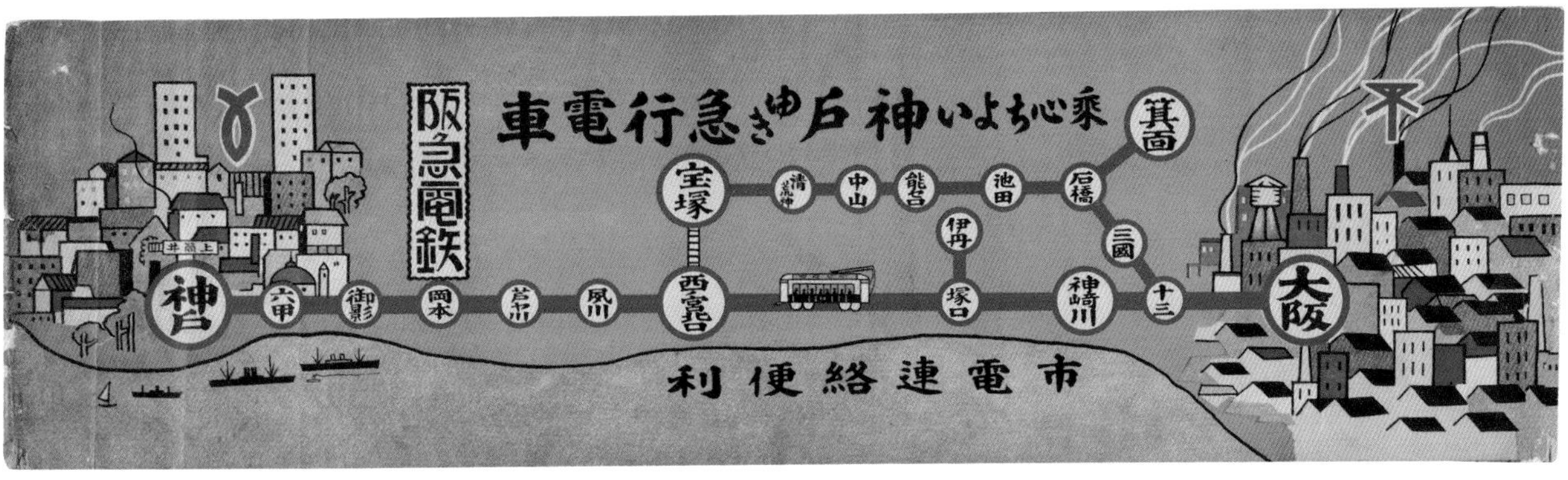

大正9年（1920）　神戸線開通当時のポスター

明治42年(1909)頃　池田付近の線路敷設工事

大正4年(1915)　池田室町住宅

乗客を創造する
―沿線住宅開発―

「それは余まりうますぎる話だと思ひますが、何か他に計画して居る事があるのですか。」

これはパンフレット「最も有望なる電車」にて、箕面有馬電気軌道の開業後の利益と配当についての説明に対し、投資家らが抱くであろう質問を問答形式で記した一節です。これに対して一三(鉄道)側は、「それは外国の電鉄会社が盛んにやつて居る住宅経営の事です。会社の所有となるべき土地が気候適順、風景絶佳の場所に約二十万坪、僅かに梅田から十五分乃至二十分で行けるところにあります。此所に停留場を設け大いに土地開発を講じて沿道の乗客を殖やし、同時に土地の利益を得ようと云ふ考へです。」と答えています。こうして池田、豊中、桜井(いずれも大阪府)といった住宅地が順次整備されていき、価格の二割に相当する頭金と残金の月々十か年賦の支払いで購入できる郊外住宅として販売されました。一三は、「如何なる土地を選ぶべきか、如何なる家屋に住むべきか」や「月拾弐円で買へる土地家屋　理想的郊外生活」などといったパンフレットで宣伝し、これら住宅は新中間層をはじめとする、爆発的に増加していた都市人口の受け皿となって、一三の箕面有馬電気軌道の乗客増につながっていったのです。後年、一三は『宝塚漫筆』で次のように回顧しています。

箕面有馬電気軌道はその開通後、乗客の増加をはかるためには、一日も早く沿線を住宅地として発展させるより外に方法がなかつた。しかし住宅経営は、短日月に成功することはむずかしいので、沿線が発展して乗客数が固

（表紙）

（内容）

パンフレット
「月拾弐円で買へる土地家屋
理想的郊外生活」

パンフレット
「住宅地御案内 如何なる土地を選ぶべきか 如何なる家屋に住むべきか」
（『阪神急行電鉄二十五年史』より）

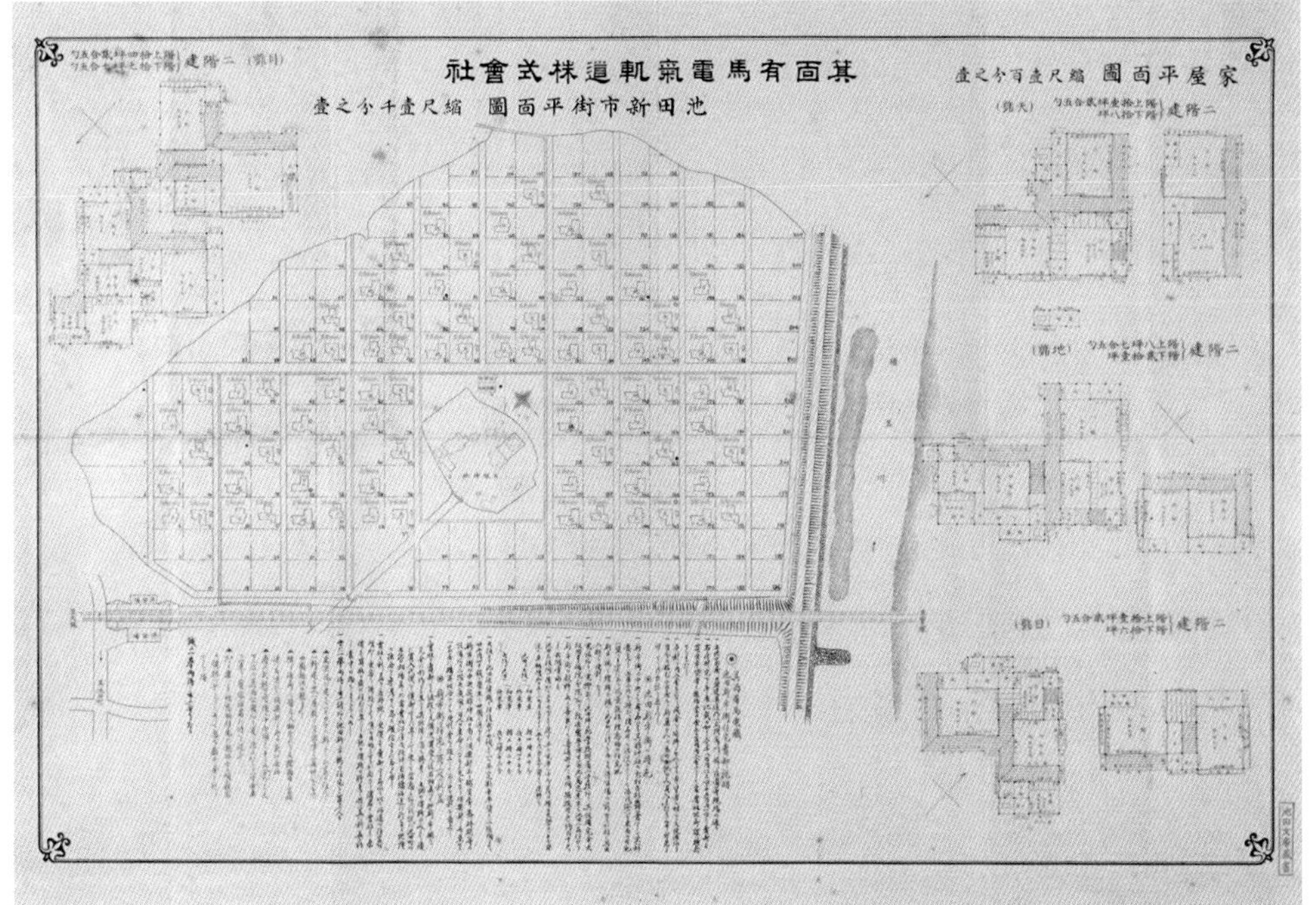

明治43年（1910）　池田新市街平面図

定するまでは、やむをえず何らかの遊覧設備をつくつて多数の乗客を誘引する必要に迫られた。そしてその遊覧候補地として選ばれたのが、箕面と宝塚の二つであつた。

このように、一三は早くから鉄道経営の多角化を意識した経営方針を立てていました。乗客を創造するための沿線住宅開発であり、住宅開発経営の促進のための行楽地として、一三は箕面動物園と「宝塚」を整備することを構想していたのです。

昭和4年(1929)　梅田阪急ビル(阪急百貨店)の第1期竣工時の姿

「僕の百貨店」

一三は『私の行き方』(№23)に、「僕の百貨店」と題したコラムを記していますが、その事業の要略とも言えるのが次の一節です。

> 阪神急行直営の百貨店であるから店名を阪急百貨店とした。無論最初の試みではあり、暖簾(のれん)や伝統といふものは一つもない、萬事が新らしいので、営業方針なども現代人の要求にピッタリくるやう立案しなければならぬ。買物に便利といふ点では少くも阪急電鉄を利用する十二三萬人に対しては既に他の百貨店に勝つてゐる。此の上は「よい品を安く売る」ことを標語に奮闘しなければならない。薄利多売の語は響きは古いがやはりこれより外に商売の秘訣はないと思ふ。

昭和四年(一九二九)四月十五日、一三は自らの鉄道の起点・梅田に、日本初のターミナルデパート阪急百貨店を開店します。旧来の百貨店は、江戸以来の呉服店を源流としていることから、近代以降に設置された鉄道駅とは隣接していない場合が多かったのですが、一三は鉄道駅と百貨店を一体化することで、多くの阪急電鉄利用者の「買物に便利」を実現しました。

阪急百貨店の開業にあたっては、電車の形をした枠を切り抜いたユニークな新聞広告を出しており、「どこよりも良い品物を、どこよりも安く売りたい」という宣伝文を掲げ、一三が「商売の秘訣」と記した薄利多売を、同百貨店の営業方針として内外に広く示しています。

ちなみに、この「どこよりも…」のキャッチフレーズは、一三が鉄道と連携した小売業のノウハウと人材育成について協力した、早川徳次(はやかわのりつぐ)(笛吹市出身)の東京地下鉄道と地下鉄ストアの広告にもみることができます。

昭和十一年(一九三六)二月、梅田の阪急百貨店は四期にわたる工事が完成し、晴れて全面開業します。八階建ての百貨店には、さまざまな食料品や雑貨の陳列のほか、大きな食堂が備えられており、多くの人々が買い物や食事を楽しむことができました。目新しい日用品を買いそろえ、煌びやかな装飾や服飾に憧れ、日ごろ食べ付けない洋食を楽しむ、言わば一三の「僕の百貨店」は、当時の人々にとって「文化の殿堂」のような施設だったことでしょう。

昭和4年（1929）　梅田駅コンコース

昭和10年（1935）　阪急ビル８階洋食堂

昭和12年（1937）　阪急百貨店1階

阪急百貨店の前身・阪急梅田ビル2階に開業した阪急直営食堂の車内広告

23 小林一三著『私の行き方』

昭和十年(一九三五)
山梨県立博物館(甲州文庫)

一三の事業観や経営論、文化芸術論などを収録した随筆。阪急電鉄をはじめとして、ターミナルデパートやプロ野球団の設立に至る経緯や私見など、多彩な事業を展開した一三の思考の一端をみることができる。また、一三が文化・芸術を論じた一節では、演劇など芸術を「生活の必需品たらしむる」ことが重要であり、これを広く大衆、全国民に広げていくべきものとして、「朗らかに、清く、正しく、美しく、これをモットーとする我党の芸術は即ち高尚なる娯楽本位に基くところの国民劇である。」と述べている。

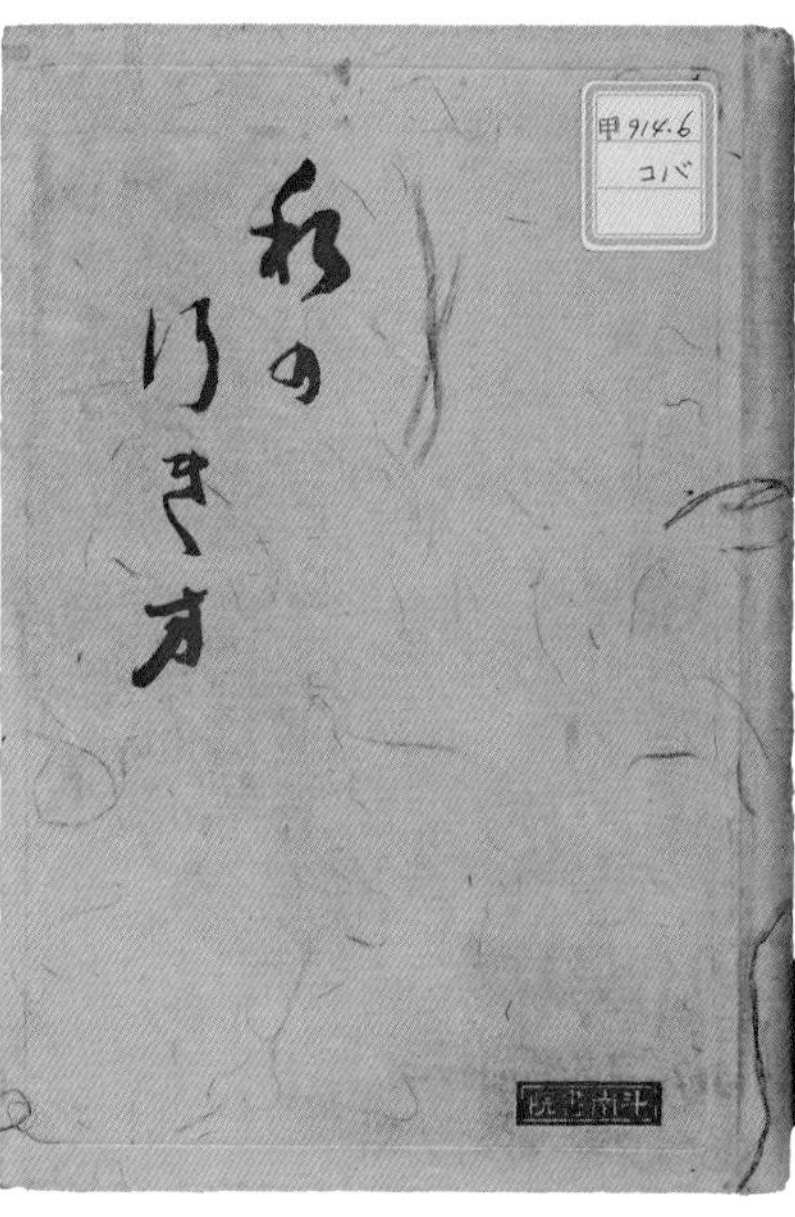

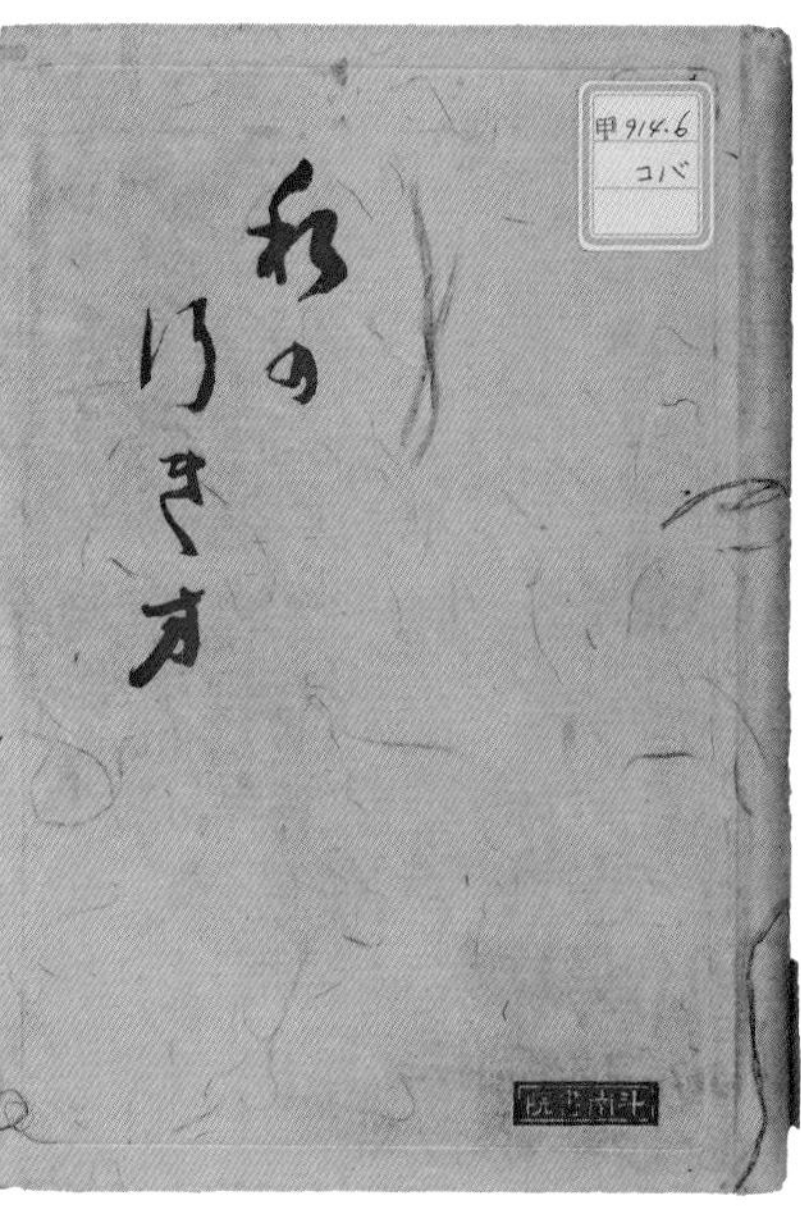

コラム

一三の働き方と考え方

本章では、「宝塚歌劇の原点」として、その創始者である一三の足跡を紹介しました。その原点である一三の発想と実践には、もともとの一三の文学青年としての考え方や志向もあり、また「独立自尊」を掲げた福沢諭吉の慶應義塾で学んだことも、大きく影響しているのでしょう。「故郷での少年時代」でも触れた民尊官卑的な考え方は、大名が居らず威張った武士(士族)が幅を利かすこともない、民間の力と意志が強い甲州という地域の文化の影響とも言えるかもしれません。

数々の新しい文化的な色の強い事業、言い換えれば多くの人々の娯楽を事業化した一三ですが、その考えの一端を示す言葉をいくつか見ていきましょう。

しかし、われわれの社会生活といふものは、自分さへ儲かれば他はどうなつてもよいといふものではない。自由競争を基礎とする営利主義経済の組織に於ては、個別的利害の対立は止むを得ないにしても他を冒さずに自分の立つ道があればそれに越したことはなからう。(略)百貨店が価格の点で競争する場合はよろしく自分の手で、自分の工夫で、自分の設備で製造した商品に限らるべきである。

小林一三『私の行き方』

これは、コラム「僕の百貨店」の一節ですが、自由経済における競争を前提としながらも、過度の対立や廉売よりも、独自の商品やサービスを提供していくことが、商売における勝者になるのだという、先進的で独自性の高い事業を展開した一三ならではの考え方を表しているといえるでしょう。

全体私は客商売が好だと見えて、百貨店だとか、食堂だとか、劇場だとか、或は電鉄事業だとか、世人の多くは、五月蝿くて面倒臭いこういふ仕事は馬鹿らしいと思ふのみならず卑下すべき下等の職業のやうに蔑視するにも拘らず、私には非常に興味のある。授けられた天職と解釈して、得意になつて働けるから面白い。

小林一三『奈良のはたごや』

こちらは、「私から見た私」というコラムの一節です。ここからは、当時一三が取り組んだ事業が、「世人の多く」からは必ずしも事業として大成するとは評価されていなかったことを示しているのではないでしょうか。それは、文化やコンテンツで収益を上げていくことであったり、サービス業などの第三次産業に対しての、世間の理解が追い付いていなかったこともあるでしょう。一三は、これを「天職」として取り組んだのです。

君、人間を運んで金儲けをしようというのは、そりゃ人力車夫の仕事だよ、(略)鉄道が敷ければ、人が動く。人には住宅もいる。食料品もいる。娯楽機関も社交機関もいる。それ等は自由競争である。其処に金儲けの途を考えるのが、鉄道事業をやる人の特権じゃなかろうか

小林一三翁追想録編纂委員会『小林一三翁の追想』

最後は一三が直接のこした言葉ではなく、その逝去後に刊行された追想録からとなります。回顧したのは初代経済企画庁長官などを務めた高碕達之助で、一三は鉄道経営そのものではなく、自身が実現した「乗客は電車が創造する」ような、鉄道をめぐる多角的な経営こそが、実業家としての腕の見せ所であると高碕に語っていたのです。

一三の働き方と考え方は、今の私たちの社会や生活の基礎となる事業やサービスをもたらしました。私たちが文化を楽しみ、夢を抱くことができるのは、愛した文化をビジネスに昇華させた小林一三という人物の大きな功績であり、また彼自身の夢でもあったのかもしれません。

第二章 宝塚歌劇の誕生

明治四十四年（一九一一）、小さな温泉町だった宝塚（現在の兵庫県宝塚市）に、近代的な大理石づくりの大浴場を持つ宝塚新温泉が開業しました。その温泉施設の余興としてはじまったのが宝塚少女歌劇です。最初の公演は大正三年（一九一四）四月で、新温泉パラダイスの室内プールを改装したパラダイス劇場でおこなわれました。以来一〇〇年以上にわたる宝塚歌劇の歴史は、ここに幕を開けました。本章では、宝塚が小林一三とともに歩んだおよそ四〇年の歴史をたどります。

宝塚新温泉全景

宝塚歌劇のはじまり

宝塚歌劇は、大正三年（一九一四）に温泉施設の室内プールを改造した舞台でおこなった公演からスタートしました。小林一三は、歌劇団草創期には舞台の脚本も執筆し、さらに機関紙の刊行においても編集長的役割を果たすなど、若き日の〝文学青年〟的素養を大いに発揮しています。

はじまりは温泉の余興から

明治四十三年（一九一〇）、箕面有馬電気軌道（現在の阪急電鉄）が梅田から宝塚まで開通しました。宝塚は当時小さな温泉町でしたが、開通の翌年、乗客誘致のための娯楽施設「宝塚新温泉」が開業します。大理石の浴場、女性用の化粧室や休憩所なども備えた施設には、多くの人が訪れました。その翌年、さらに娯楽施設を充実させるために最新式の室内プールを中心とした娯楽施設を備えた近代的な洋館「パラダイス」がオープンします。しかし、室内プールは失敗に終わります。後年、一三は「蒸気の通らない室内プールの失敗と、女子の観客を許さない取締りや男女共泳も許さないといういろいろの事情から、利用される範囲がすこぶるせまく、結局失敗に終つてしまつた」（『宝塚漫筆』）と語っています。

宝塚新温泉パラダイス

パラダイス劇場

パラダイス室内プール

そこで、この室内プールを利用した温泉場の余興が考えられることになり、当時三越呉服店（現在の三越百貨店）で好評だった少年音楽隊をヒントに、大正二年（一九一三）七月、少女だけの音楽隊である宝塚唱歌隊が結成されました。現在四〇〇名近い生徒が在籍する宝塚歌劇団は、第一期生一六名からスタートしたのです。

彼女たちの指導者には、東京音楽学校（現在の東京藝術大学）出身の安藤弘や、その妻でオペラ歌手・三浦環と共に学んだちゑ子、作曲家の高木和夫ら本格的な音楽家が迎えられました。さらに同年十一月には振付をおこなう久松一聲らとともに二期生四名が加わり、十二月には宝塚唱歌隊から宝塚少女歌劇養成会へと名称も変更されます。初舞台に向けて、器楽、唱歌、和洋舞踊、歌劇の授業が開始されたのです。

そして大正三年（一九一四）四月一日、記念すべき宝塚少女歌劇第一回公演が開催されます。演目は『ドンブラコ』『浮れ達磨』『胡蝶』の三本立て。本格的な歌劇より、親しみやすいお伽物が演目として選ばれたようで、パラダイスでおこなわれる婚礼博覧会と同時に開催されました。室内プールの全面に床を設けて客席とし、脱衣場を改造したパラダイス劇場の舞台に立ったのは、十二歳から十七歳までの一七名の少女たちでした。

大正3年(1914) 『ドンブラコ』 主役の桃太郎は第1期生の高峰妙子が演じた

脚本家 小林一三

宝塚少女歌劇団の公演は大成功をおさめ、以降新作が次々に上演されるようになります。しかしそうなると「いろいろ困つた、といつても、またなかなか面白い話」(『宝塚漫筆』)も出てきたようです。当時は安藤弘作曲、脚本の作品が多かったのですが、「あるとき突然、先生は宝塚の方針に対して気にいらないことがあつたと見えて、楽譜集を持つて、どつかへ隠れてしまつた」。そんなとき一三は「安藤が隠れたつて、オレはちつとも困らんよ。作曲は自分でする」といつて、中学校や師範学校の音楽教科書を集めて面白い部分だけを選び出しては切り貼りし「はさみとのりでどんどん脚本をつくつた」といいます。

小説を執筆するなど〝文学青年〟だった一三は、歌劇団の経営だけでなく、脚本執筆にも携わりました。大正三年(一九一四)に上演された『紅葉狩』をはじめ、『雛祭』『クレオパトラ』など数々の作品を手掛けています。昭和十二年(一九三七)に制作された『戀に破れたるサムライ』は、文覚上人を主人公とした歌舞伎『橋供養梵字文覚』を元にした歌舞伎レビューで、海外進出を企図して制作されましたが、実現しませんでした。時には池田畑雄のペンネームも使いながら一三は第二次世界大戦終了間際の昭和二十年(一九四五)八月に上演された『新大津絵』まで執筆をおこなっています。主だったものは『歌劇十曲』(No.27)、『続歌劇十曲』(No.28)に収録されています。

大正7年(1918)　小林一三作『クレオパトラ』

24

小林一三作詞
楽譜『クレオパトラ』
大正七年(一九一八)
公益財団法人 阪急文化財団

大正七年に公演された、一三脚本による『クレオパトラ』の楽譜。作曲は高木和夫がおこない、主演のクレオパトラは篠原浅茅と雲井浪子がダブルキャストで演じた。

大正4年(1915)　小林一三作『雛祭』　少女たちが五人囃子、お内裏様などの人形に扮して繰り広げられる物語

①

②

『戀に破れたるサムライ』舞台稽古

『戀に破れたるサムライ』は歌舞伎『橋供養梵字文覚』を元にした作品で、遠藤盛遠（後の文覚上人）を天津乙女、袈裟御前を雲野かよ子が演じました。昭和十二年（一九三七）一月一日から東京宝塚劇場で、同年三月からは宝塚大劇場で上演されています。

「歌舞伎レヴュウ」と銘打ち、海外進出を目指して制作されたためか、東京では外国人を招待した公演をおこなっています。しかし評判が芳しくなく、一三自身「輸出向きと云ふ当初の目的は全然失敗した」（「歌舞伎レヴュウに就て」『歌劇』第二〇三号（No.31））と述べています。

舞台稽古中の一三の姿をとらえた貴重な写真も残されています。『戀に破れたるサムライ』は、坪内士行が演出、水田茂が振付をおこない、作曲は須藤五郎が担当しました。右上の写真①でオーケストラボックスから身を乗り出し、銀橋（オーケストラボックスと客席の間にあるエプロンステージ）をはさんで一三と向かい合っているのが須藤五郎、左上の写真②で一三と話している二人が坪内士行と水田茂で、奥にいるのが袈裟御前役の雲野かよ子です。

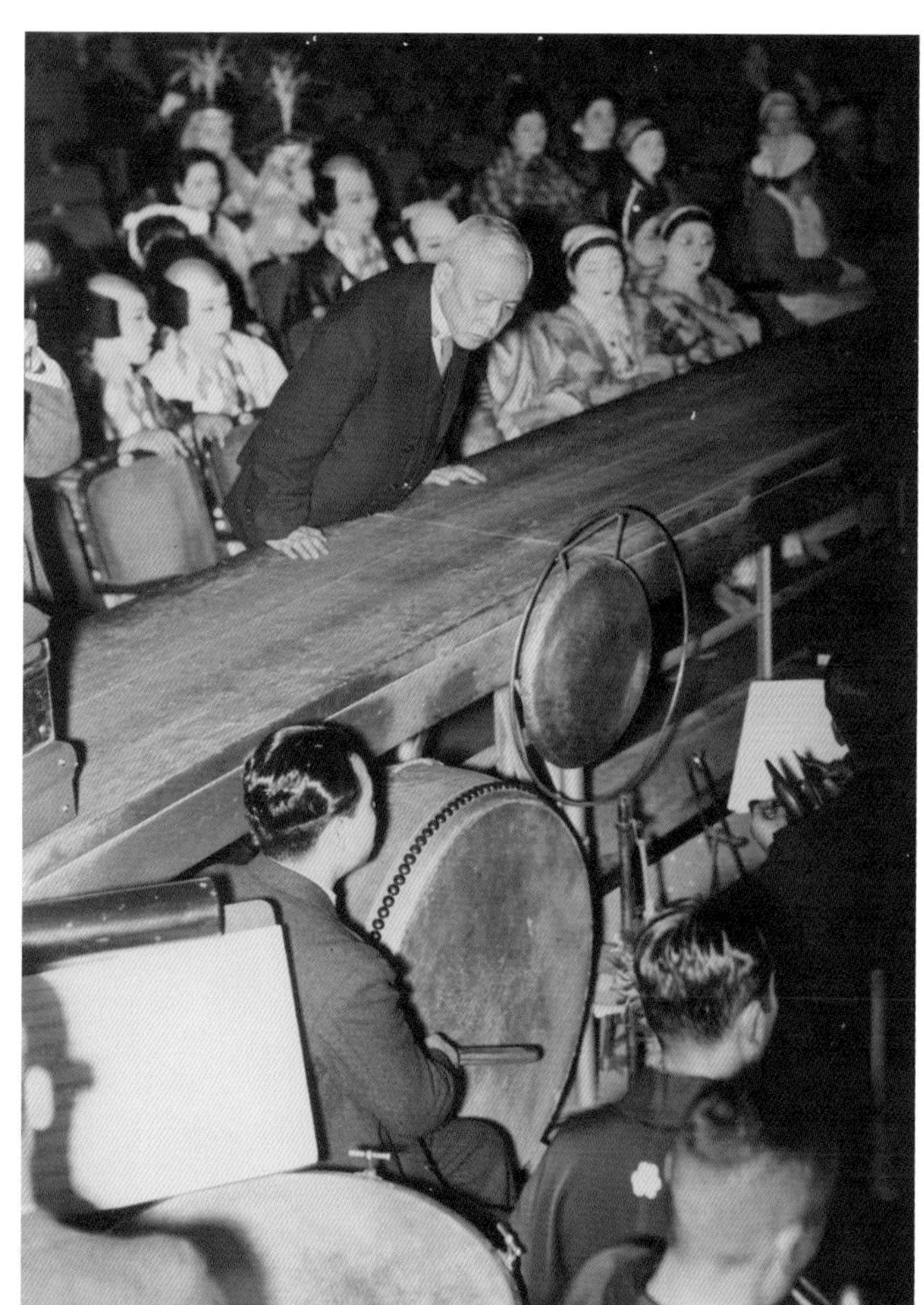

『戀に破れたるサムライ』舞台稽古と一三

※25

公演ポスター
歌舞伎レヴュウ『戀に破れたるサムライ』
（昭和十二年三月　宝塚大劇場　月組公演）
昭和十二年（一九三七）
公益財団法人 阪急文化財団

26
『宝塚少女歌劇脚本集（附宝塚春秋）』第一九五号
昭和十二年（一九三七）
個人

『戀に破れたるサムライ』の脚本を掲載した脚本集。公演ごとの脚本集が初めて発行されたのは、大正六年（一九一七）のことで、のちに『宝塚春秋』という読み物がついて内容がさらにバラエティ豊かなものとなった。

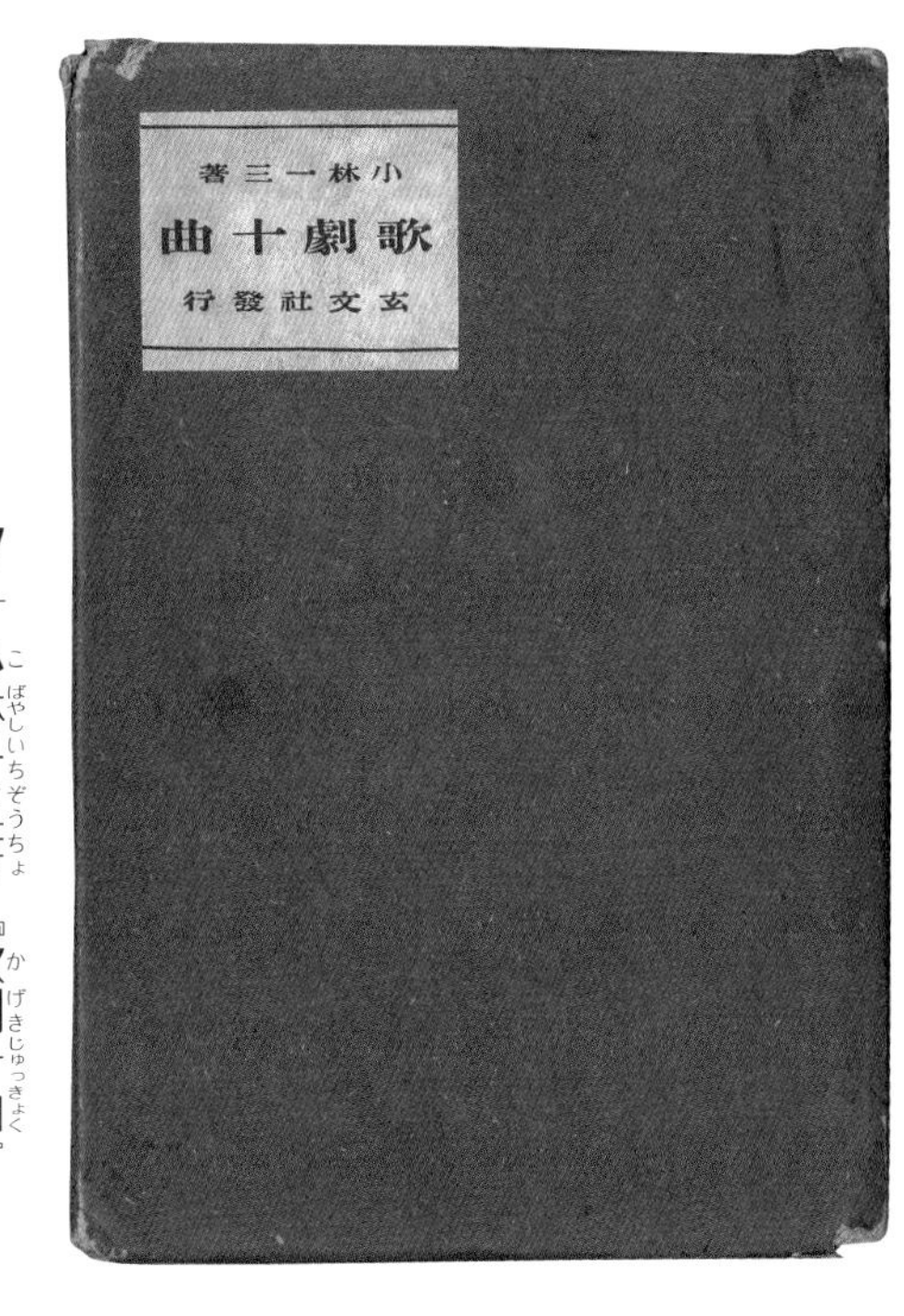

27
小林一三著『歌劇十曲』
大正六年（一九一七）
山梨県立文学館

一三が執筆した宝塚少女歌劇脚本を収録したもの。

28
小林一三著『続歌劇十曲』
大正十五年（一九二六）
公益財団法人 阪急文化財団

『歌劇十曲』（No.27）に引き続き、一三による宝塚少女歌劇脚本を収録したもの。

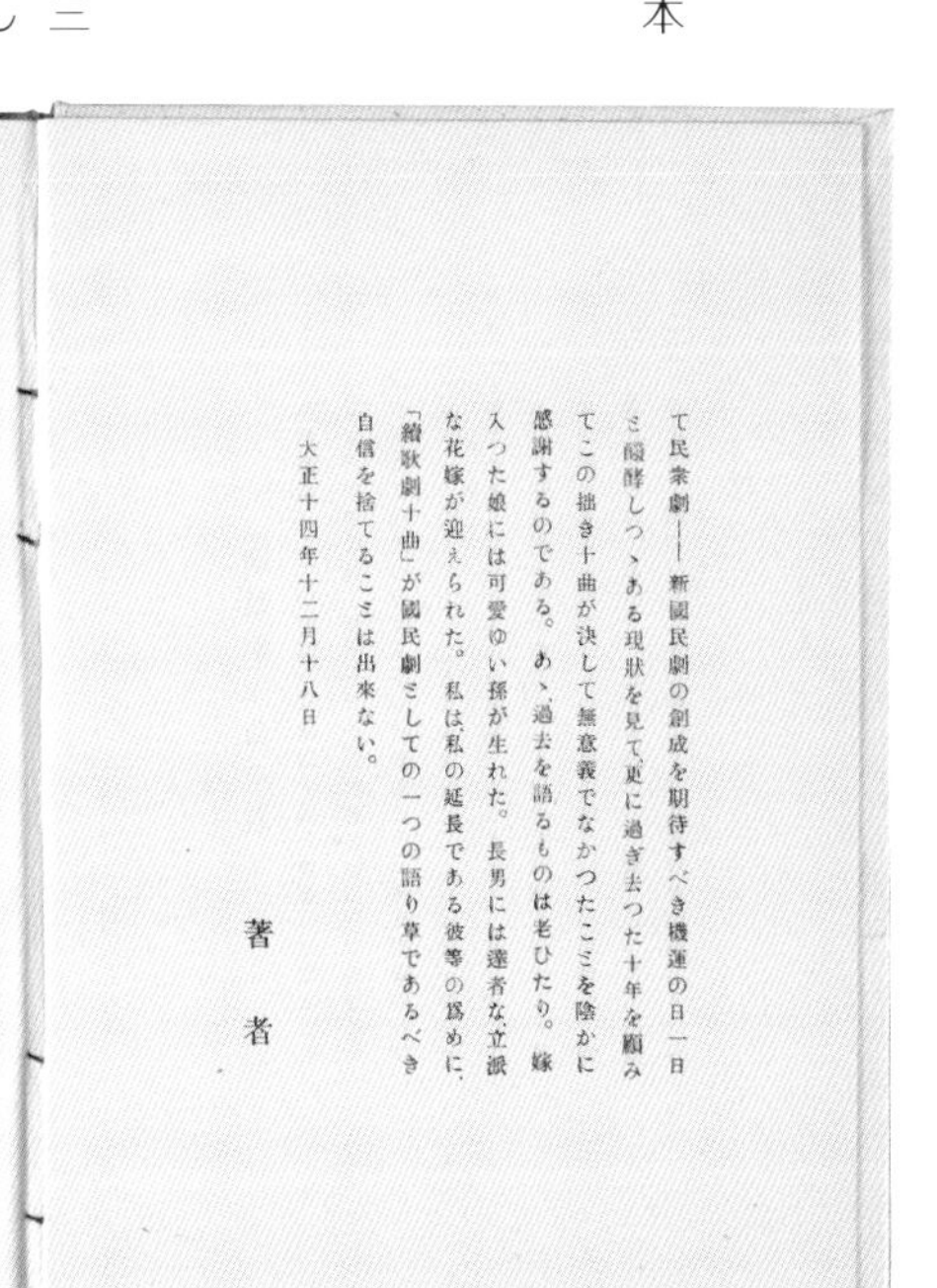

て民衆劇――新國民劇の創成を期待すべき機運の日一日と醗酵しつゝある現狀を見て、更に過ぎ去つた十年を顧みてこの拙き十曲が決して無意義でなかつたことを陰かに感謝するのである。あゝ、過去を語るものは老ひたり。嫁入つた娘には可愛ゆい孫が生れた。長男には達者な、立派な花嫁が迎えられた。私は、私の延長である彼等の爲めに、「續歌劇十曲」が國民劇としての一つの語り草であるべき自信を捨てることは出來ない。

大正十四年十二月十八日

著者

目次

『歌劇』座談会

『歌劇』の発行

歌劇団の機関紙である『歌劇』は、大正七年(一九一八)八月に創刊されました。一三は、創刊当初編集長の役割を果たしたといい、〝文学青年〟の素養が遺憾なく発揮されていたようです。一三は創刊以来多くの文章を掲載しており、「歌舞伎レヴュウに就いて」(『歌劇』第二〇三号(No.31))「歌劇と歌舞伎」(『歌劇』第二二〇号(No.33))など、自身の演劇に対する思いもつづっています。『歌劇』は戦争によって一時中断されるものの、現在まで刊行が続いています。

『歌劇』が創刊して三年後の大正十年(一九二一)からは、読者との交流を目的とした歌劇誌友大会が開催され、のちに『歌劇』愛読者大会へと発展していきます。愛読者大会は、スター生徒の競演、生徒の独唱や楽器演奏、宝塚管弦楽部(現在の宝塚オーケストラ)の演奏がおこなわれるなど大人気のイベントだったようで、『歌劇』に添付された招待券を持参すれば、誰でも無料で見ることができたといいます。

『歌劇』のほか、昭和十一年(一九三六)に創刊された『宝塚グラフ』など、宝塚歌劇の歴史のなかで発行されてきた出版物は多くあります。それらは、手元に置いて宝塚歌劇をより身近に楽しみたいという、ファンの願いに応えてきたのかもしれません。

歌劇 第壹號

『歌劇』創刊号

29

『歌劇』第七号、第四三号、第一五二号

第七号　大正九年（一九二〇）　個人

第四三号　大正十二年（一九二三）　公益財団法人 阪急文化財団

第一五二号　昭和七年（一九三二）　公益財団法人 阪急文化財団

大正七年（一九一八）の創刊当初、表紙は森田久らのイラストによるものだったが、昭和七年の第一五二号から生徒の姿が登場するようになった。創刊当初は季刊だったが、大正十一年（一九二二）から月刊となり、平成二十一年（二〇〇九）一月号で通算一〇〇〇号となった。

第7号

第152号

第43号

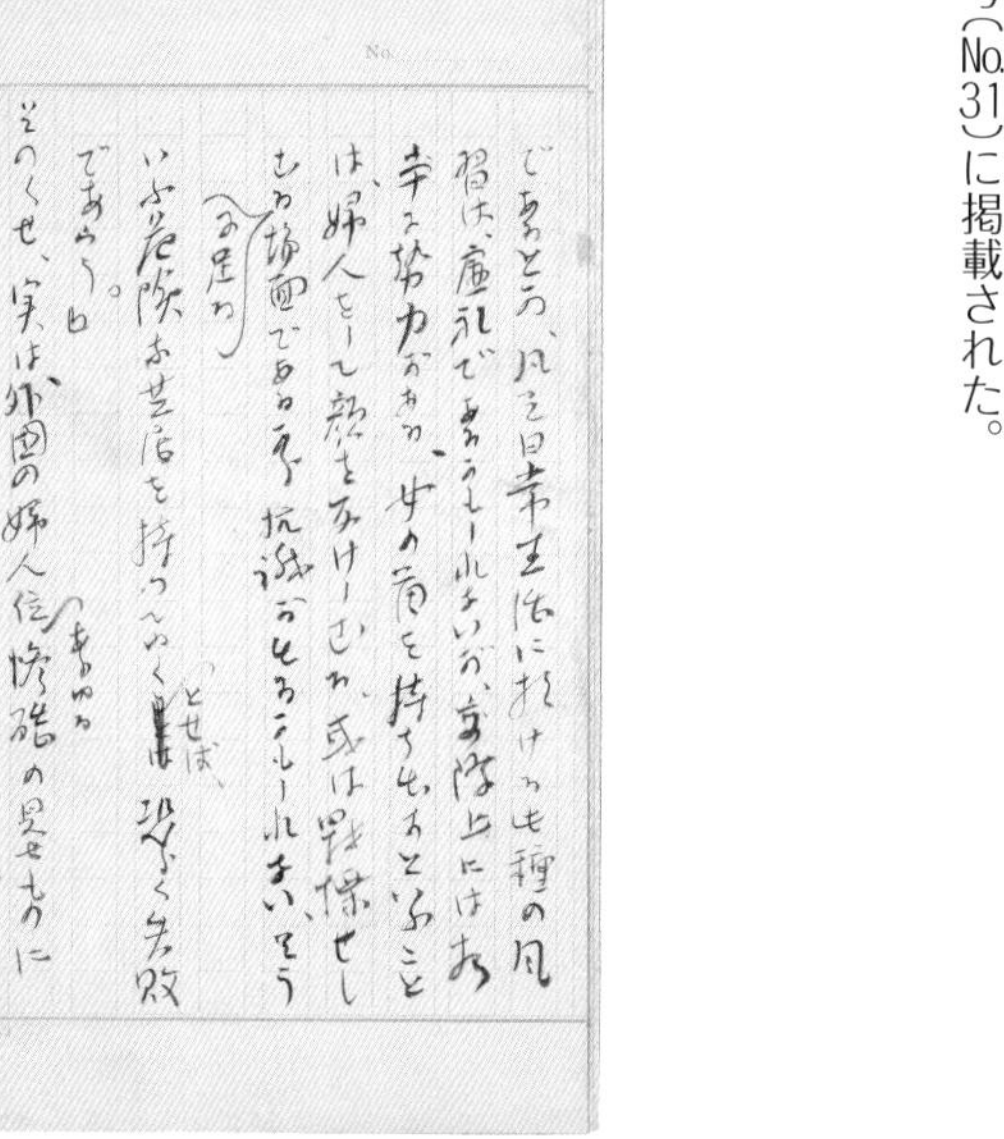

30

小林一三筆「「歌舞伎レビュー」に就て」原稿

昭和十二年（一九三七）

公益財団法人 阪急文化財団

『戀に破れたるサムライ』の外国人向け上演の評判が良くなかったことなどを記し、将来的に日本のレビューを制作し上演したいという抱負を語っている。『歌劇』第二〇三号（No.31）に掲載された。

31

『歌劇』第二〇三号

昭和十二年（一九三七）

個人

「「歌舞伎レビュー」に就て」（No.30、掲載時は「歌舞伎レヴュウに就て」となっている）が掲載された『歌劇』。

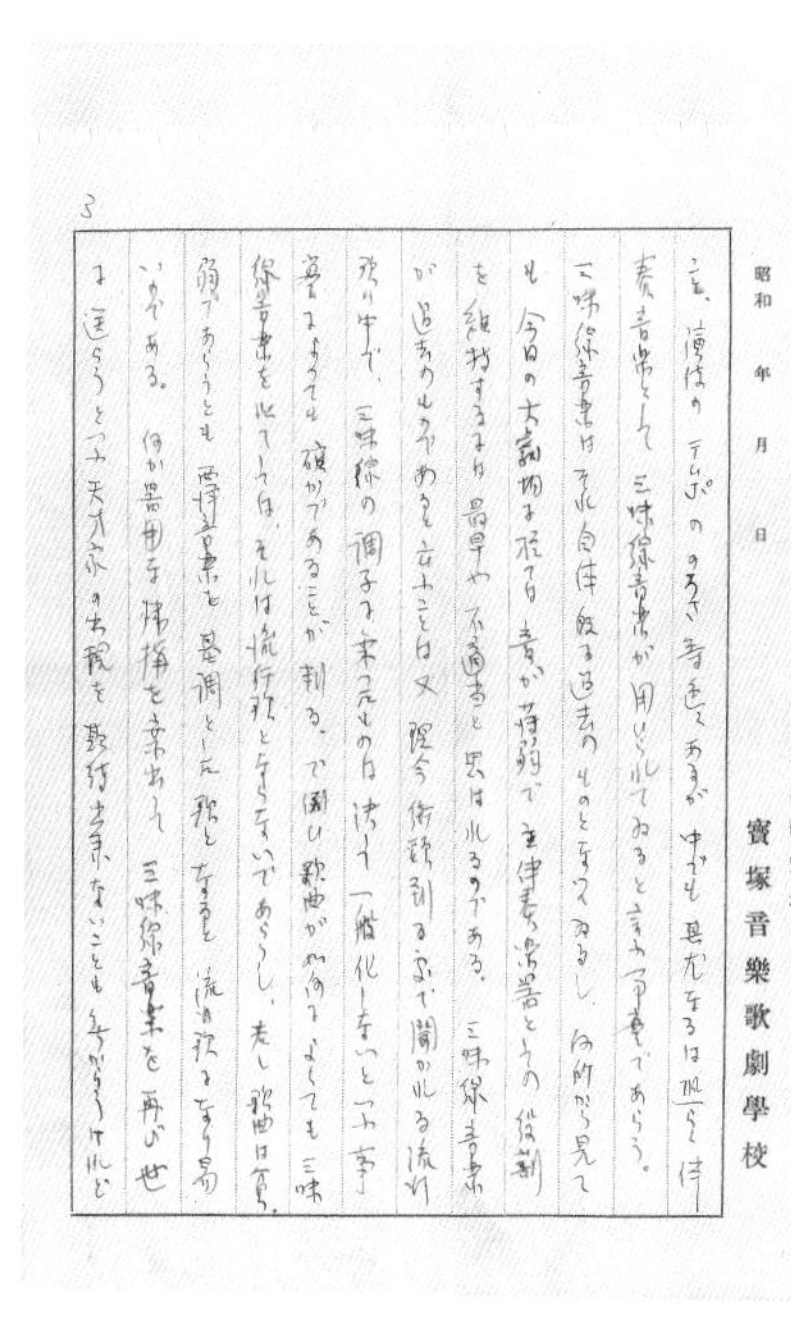
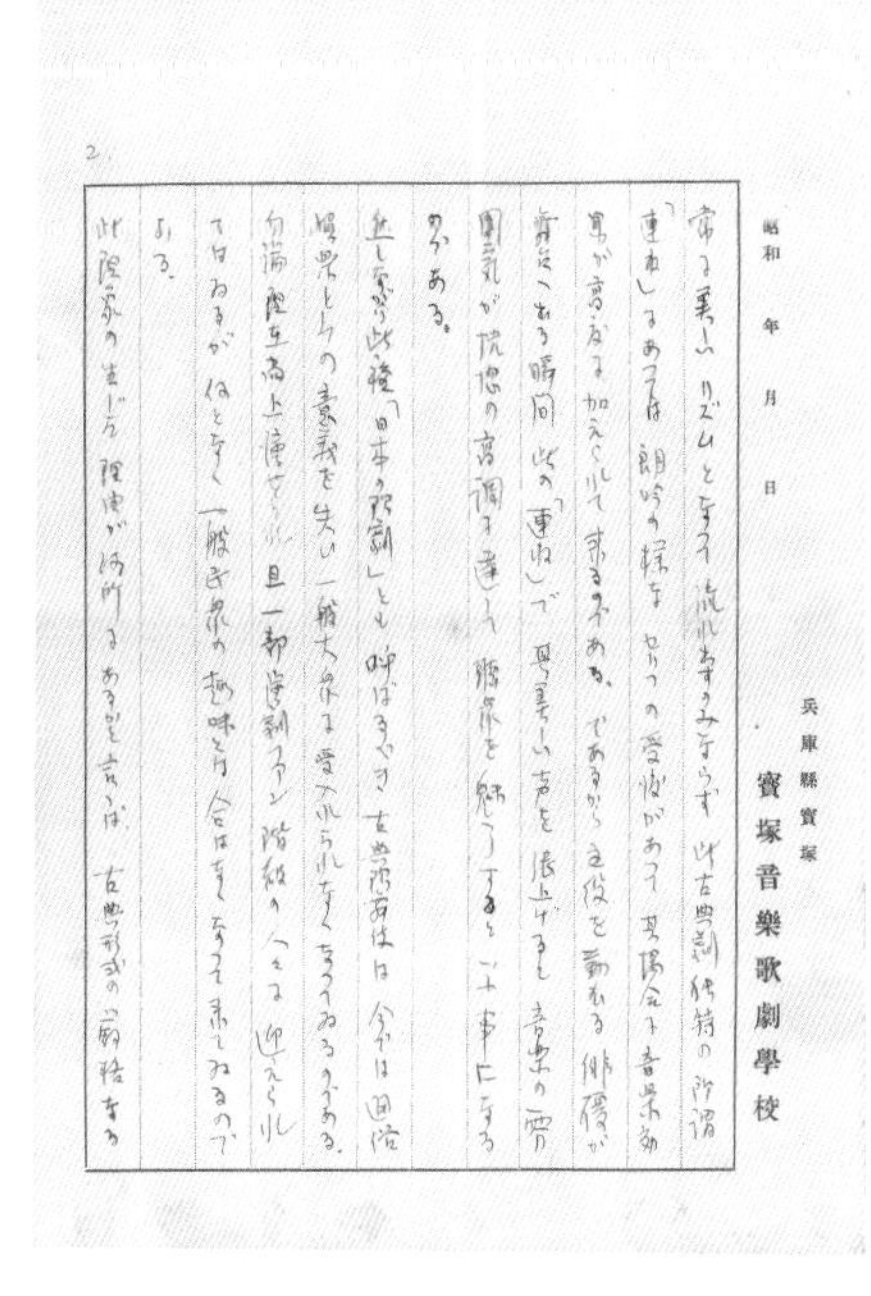
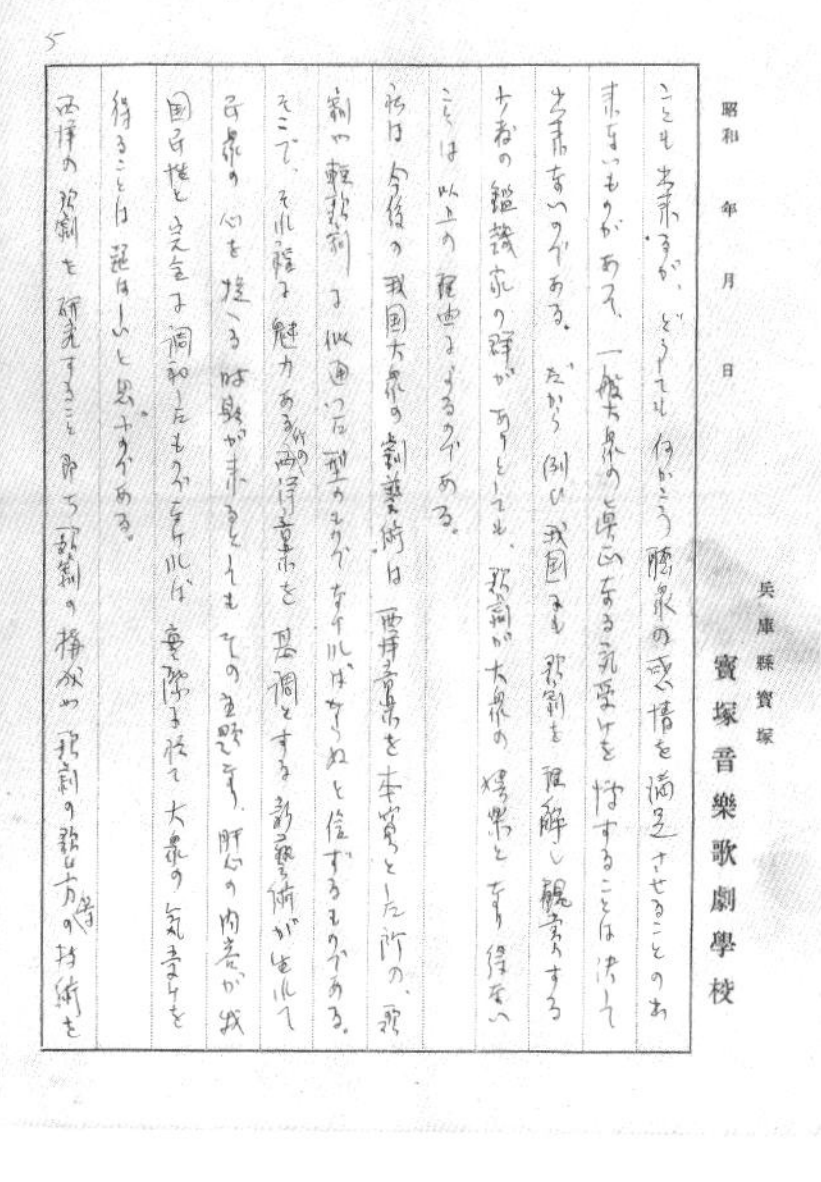
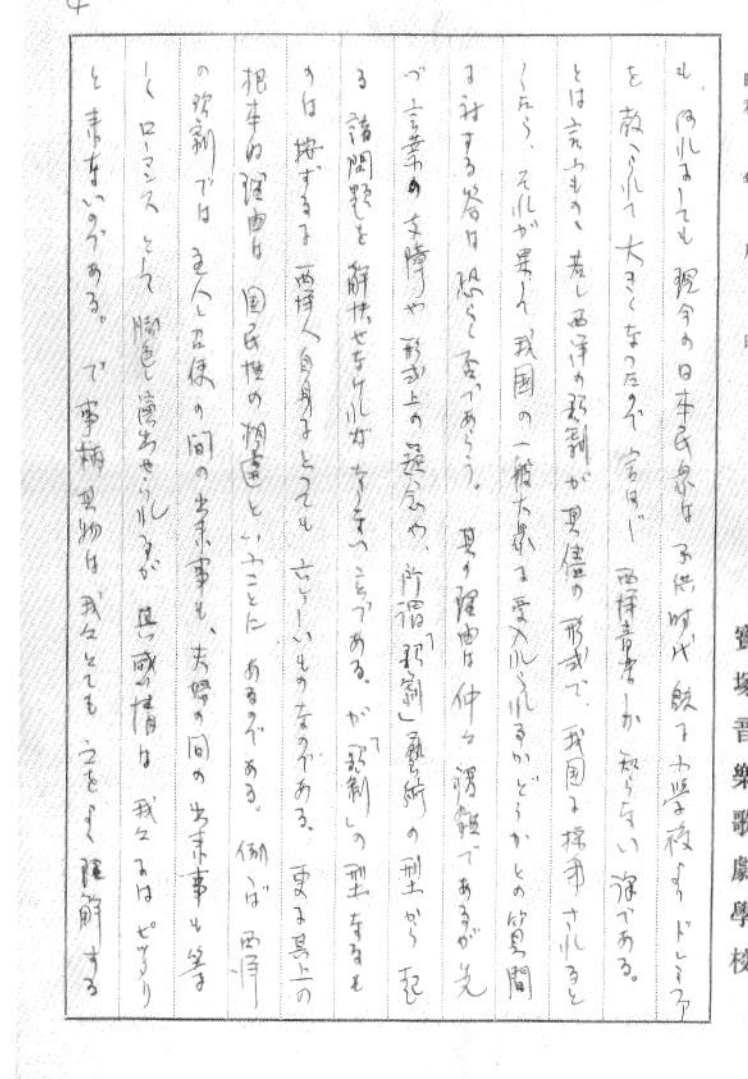

32
小林一三筆「歌劇と歌舞伎」原稿
昭和十三年（一九三八）
公益財団法人 阪急文化財団

歌舞伎など日本の古典芸能に西洋の音楽を取り入れ、誰もが楽しむことのできる新様式の芸術を創り上げていきたいという熱い思いと、西洋音楽を媒介としてそうした日本の芸術が海外に理解されることへの強い希望がつづられている。

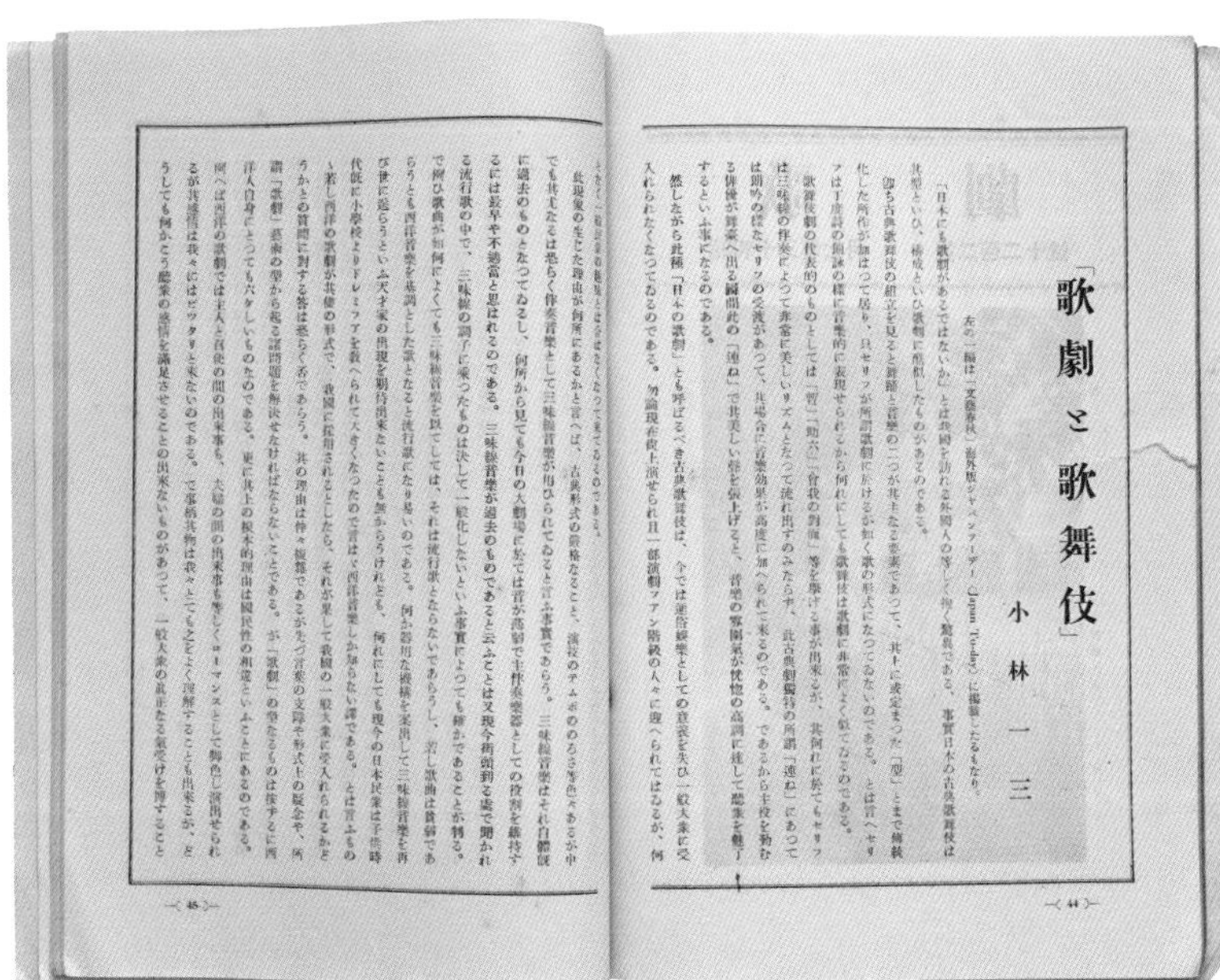
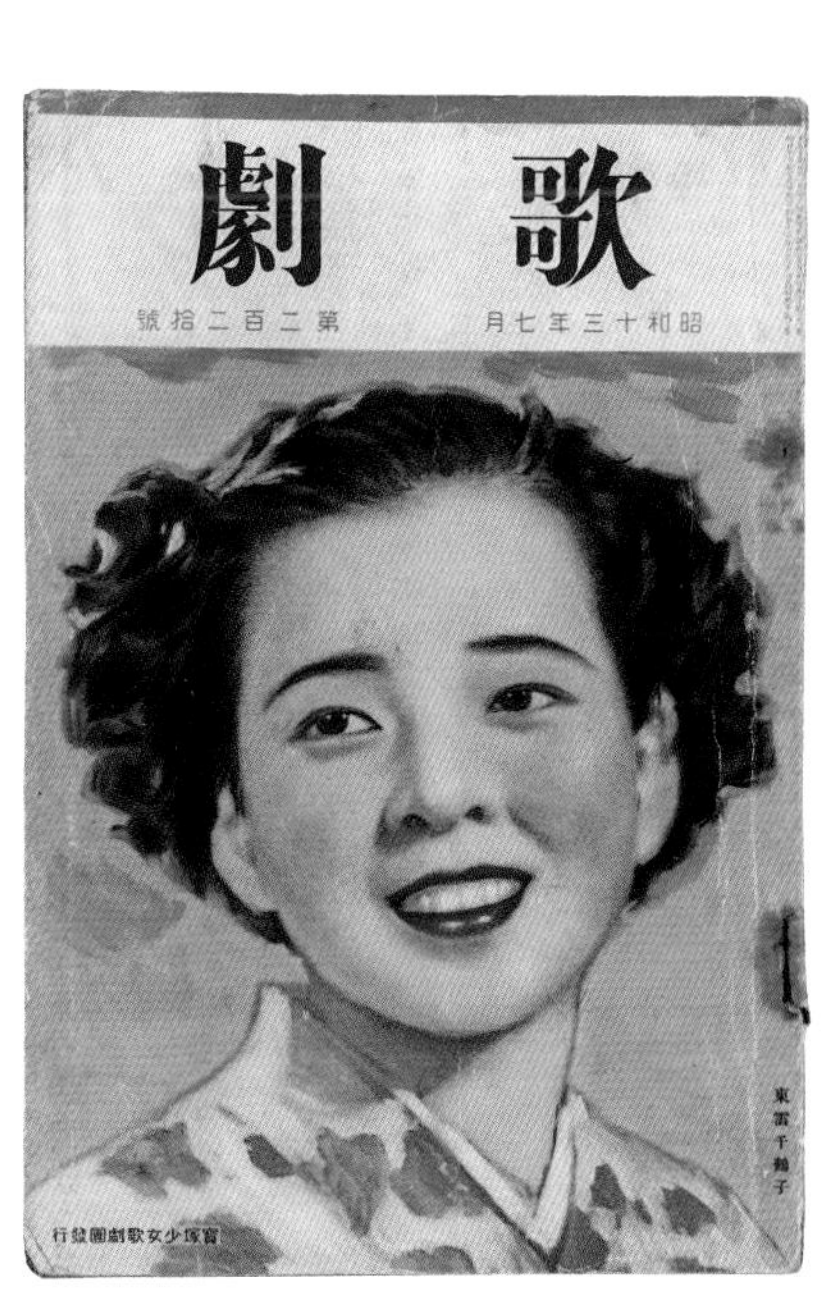

33
『歌劇』第二二〇号
昭和十三年（一九三八）
個人
「歌劇と歌舞伎」（No.32）が掲載された『歌劇』。

大正13年(1924)に竣工した宝塚大劇場

宝塚大劇場竣工

宝塚少女歌劇団の人気は高まり、やがて彼女たちの舞台は四〇〇〇の客席を備えた宝塚大劇場へと移っていきます。多くの観客を迎えることのできる大劇場の建設は、小林一三が抱いていた理想への第一歩でもありました。

パラダイス劇場から宝塚大劇場へ

パラダイス劇場で上演される宝塚少女歌劇の評判は高まり、観客も増えていきました。パラダイス劇場は五〇〇人を収容することができましたが、観客の増加に対応するため、箕面公会堂が大正八年(一九一九)に宝塚に移築され、収容人数約一五〇〇人の二つ目の劇場として誕生し、通称「公会堂劇場」と呼ばれました。

ところが大正十二年(一九二三)一月、この公会堂劇場より出火、この火事により、宝塚新温泉の施設はほとんどが焼失してしまったのです。一三は、二か月という短期間で木造の新たな劇場(宝塚中劇場)を建設して三月から公演を再開するとともに、大劇場の建設を進めました。大正十三年(一九二四)七月には四〇〇〇人収容の宝塚大劇場が完成し、『カチカチ山』『小さき夢』など五本立ての公演で開場しました。

一三は大劇場完成にあたり「私の目的は一部分の階級の人々の手から離して、劇をして国民のものにしたい、即ち劇は贅沢品ではない、人間生活の日用品として取り扱ふべきものである」(「大劇場の新築落成に就て」『歌劇』第五三号(大正十三年)、『増補 日本歌劇概論』再録)と述べています。家族連れなど、誰もが気軽に演劇を楽しむようになるためには、大人数を収容し、低料金で観劇ができる大劇場によるほかはない、と一三は考えたのです。宝塚大劇場の建設は、一三が自身の理想を実現するための第一歩だったのでしょう。

4,000人収容の大劇場内部

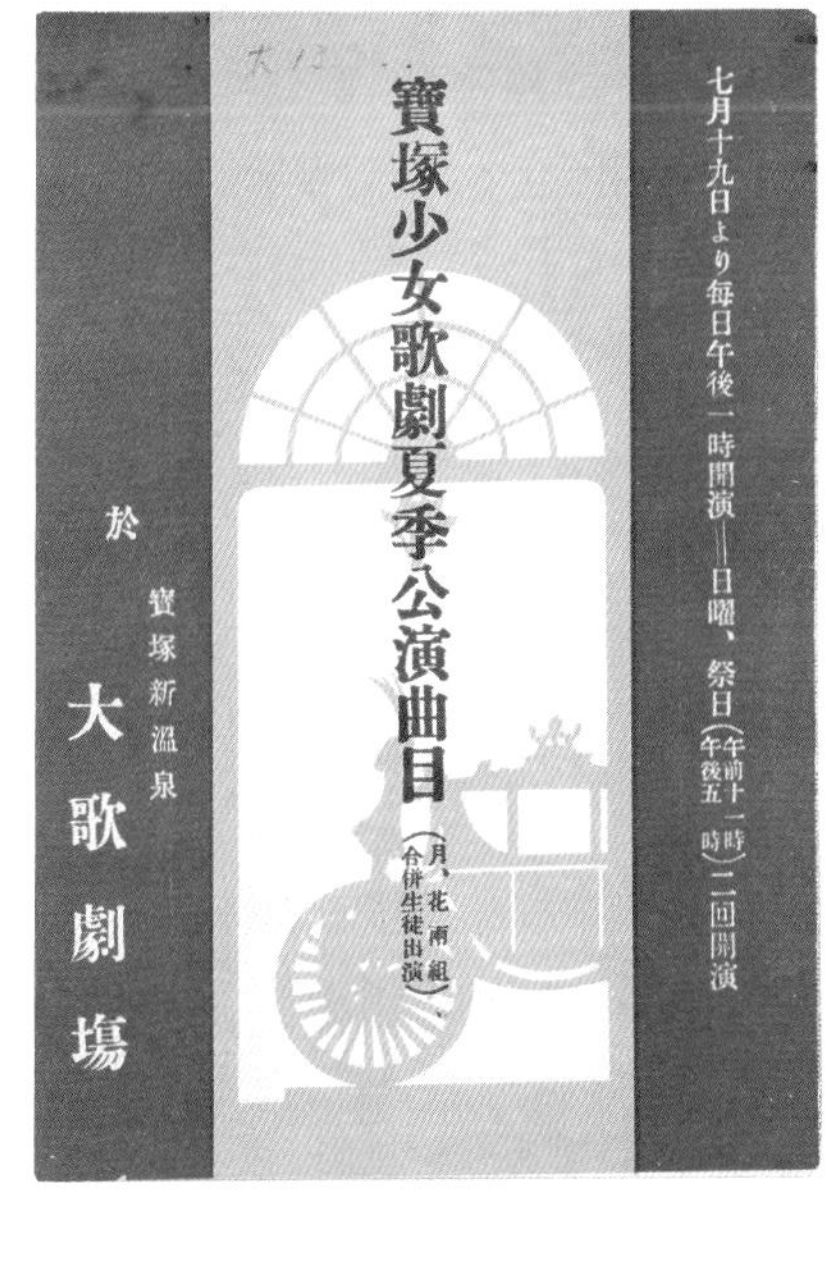

34

宝塚少女歌劇夏季公演曲目

（大正十三年七月　宝塚大劇場　月・花両組合同公演）

大正十三年（一九二四）

公益財団法人 阪急文化財団

大正十三年に竣工した宝塚大劇場柿落し公演のプログラム。七月十九日は関係者向けの試演、一般公開は翌日二十日から九月二日までおこなわれたという。月組・花組合同で、『カチカチ山』『女郎蜘蛛』『小さき夢』などの五本立て公演だった。

『小さき夢』

大がかりな舞台装置と通年公演の実現

当時、帝国劇場は一七〇〇人、歌舞伎座は一六〇〇人収容だったそうですから、比較すれば宝塚大劇場がいかに大規模なものだったかがわかります。舞台装置も日本最大の回り舞台や多数の吊り物用バトンを備えていたといいます。宝塚少女歌劇は、発足から七年後の大正十年（一九二一）には花組・月組に分かれた公演形式をとっていましたが、大劇場の完成にあわせて新たに雪組が誕生し、大正十四年（一九二五）からは、各組が一か月交代で年間一二回の公演をおこなう形式が定着しました。いつ来ても楽しめる宝塚歌劇は、一三が思い描いた国民劇のひとつの姿だったのかもしれません。

日本最初のレビュー

大劇場に相応しい演目として海外からもたらされたレビューは大成功をおさめ、多くの観客を魅了し、宝塚にレビューの時代をもたらします。ラインダンスや大階段など、現在の舞台にまでその伝統は続いています。

『モン・パリ』　エジプトの場　『モン・パリ』は主人公が上海からインド、エジプトを経てパリに至るまでの旅を描いたレビュー

『モン・パリ』　汽車の踊り　ダンサーの足の動きが走る列車の迫力を表現したラインダンス

『モン・パリ』　フィナーレ　規模は小さいものの大階段が使われている

『モン・パリ』『パリゼット』宝塚レビューの時代へ

大正十五年（一九二六）から海外演劇の視察に出かけていた宝塚少女歌劇団の演出家である岸田辰彌が、昭和二年（一九二七）に帰国して最初に手掛けた作品が、日本初のレビュー『モン・パリ（吾が巴里よ）』です。衣装や装置などにかかる費用はそれまでの一年分に相当するなど、制作には多くの費用が必要でしたが、一三の決断で上演が決まったといいます。

スピーディーな場面転換、ラインダンス、そしてフィナーレには一六段の大階段も登場する華やかな舞台は、多くの観客の心をとらえ大成功をおさめました。九月に花組、続いて十月に雪組で上演され、宝塚少女歌劇初のロングラン公演となりました。

『モン・パリ』の振り付けは、岸田の弟子である白井鐵造が担当しました。白井自身も昭和三年（一九二八）から海外視察に赴き、帰国後の昭和五年（一九三〇）に制作されたのが『パリゼット』です。『パリゼット』は『モン・パリ』を凌ぐ人気となりました。主題歌のひとつである「すみれの花咲く頃」はヒットし、

『パリゼット』

今でも歌い継がれ、宝塚歌劇を象徴するような楽曲となっています。

その後も海外の演目が積極的に取り入れられ、宝塚歌劇は〝レビューの時代〟を迎えます。それとともに昭和六年（一九三一）の『ローズ・パリ』では初めて銀橋（舞台前面のオーケストラボックスと客席の間にある通路のようなエプロン・ステージのこと）が使用され、昭和九年（一九三四）の『チャブ・チャブ・コント』ではスタンド式のマイクロフォンが初登場しました。このような新しい取り組みは、海外視察から戻った演出家たちによって取り入れられていったのです。

このように、国内向けには西洋移入型の演目が盛んに取り入れられる一方、一三は宝塚独自の新しい日本物のレビューの創作に意欲的に取り組むようになっていきました。『歌劇』第二〇三号（No.31、昭和十二年（一九三七））に掲載された「歌舞伎レヴュウに就て」には、次のような思いがつづられています。

> 私達の希望は、外国の真似をするばかりが目的でない、即ち現在公演してゐる「世界の唄」だとか「ミュージック・アルバム」とか云ふが如き西洋もの、レヴュウばかりで無しに、純然たる日本のレヴュウも上演したい、しかもそれは「歌舞伎」や「舞踊」の昔風のものばかりでなしに、現在の生活様式をも取入れて、即ち日本のレヴュウを造りあげ度いと云ふ希望もある

日本のレビューを世界へ、という一三の思いが実現するのには、もうしばらく時間が必要でした。

『パリゼット』　美しき階段

『パリゼット』　兵士の踊り

『パリゼット』　フィナーレ

『虞美人』

『虞美人』宝塚歌劇初の一本立の大作

『パリゼット』で多くの人を魅了した白井鐵造は、その後も数々の名作を送り出します。昭和二十六年（一九五一）八月、宝塚大劇場で上演された『虞美人』もまたそのひとつです。長与善郎の戯曲『項羽と劉邦』をもとに宝塚風にアレンジしたもので、本物の馬が舞台に登場したことも話題となりました。宝塚歌劇初の一本立の大作として大ヒットし、戦後初のロングラン作品となりました。後に進駐軍に接収されていた東京宝塚劇場が返還されると、その再開記念公演に選ばれたのも、この『虞美人』でした。

※40

ステージ模型『虞美人』（昭和二十六年　宝塚大劇場）

令和五年（二〇二三）

宝塚歌劇団

『虞美人』のステージを再現した模型。今回の展覧会のために製作された。

※41

公演ポスター『虞美人』（昭和二十六年八月　宝塚大劇場　星組公演）

昭和二十六年（一九五一）

公益財団法人 阪急文化財団

『虞美人』は、昭和二十六年八月の宝塚大劇場星組公演を皮切りに、九月に月組、十月に花組で公演され、ロングラン公演となった。このポスターは最初の星組公演のもの。項羽役を春日野八千代、劉邦役を神代錦、虞美人役は男役から娘役に〝転向〟した南悠子が務め、大劇場は超満員の賑わいとなったという。

駅の場面

フィナーレの場面

35

道具帳『モン・パリ』
（昭和二年　宝塚大劇場）
昭和二年（一九二七）
宝塚歌劇団

昭和二年に上演された『モン・パリ』の道具帳で、写真はそのうちの駅の場面とフィナーレの場面のもの。五三頁の『モン・パリ』公演写真を見ると、汽車の踊りとフィナーレの場面の背景は、これをもとに製作されていることがわかる。

※36

ステージ模型『モン・パリ』
（昭和二年　宝塚大劇場）
平成時代
宝塚歌劇団

『モン・パリ』のステージを再現した模型。

※37

衣装デザイン帳『ネオ・パリゼット〈パリゼット改題〉』
（昭和八年　新橋演舞場）
昭和八年（一九三三）
宝塚歌劇団

昭和八年に上演された『ネオ・パリゼット』の衣装デザイン帳。

道具帳や衣装デザイン帳

『モン・パリ』や『パリゼット』、『虞美人』は、ロングラン公演だけでなく、繰り返し再演もされています。それぞれの演目で製作された大道具、衣装のデザインは、道具帳や衣装デザイン帳と呼ばれるつづりに留められ、保存されています。そのため、長い時間を経て再演される演目の衣装なども、再び作ることができるのだそうです。

※38

道具帳『虞美人』
（昭和二十六年　宝塚大劇場）
昭和二十六年（一九五一）
宝塚歌劇団

昭和二十六年に上演された『虞美人』の道具帳。

※39

衣装デザイン帳『虞美人』
（昭和二十六年　宝塚大劇場）
昭和二十六年（一九五一）
宝塚歌劇団

昭和二十六年に上演された『虞美人』の衣装デザイン帳。

東京宝塚劇場竣工と事業の広がり

昭和九年（一九三四）に東京宝塚劇場が開場し、宝塚歌劇は本格的に東京進出を果たします。その活躍はさらに海外にまで広がり、小林一三は「大衆の求める安価で良質な娯楽を届ける」という夢の実現のため、幅広く事業を展開していきました。

昭和9年(1934) 東京宝塚劇場

『花詩集』

東京宝塚劇場の完成

宝塚少女歌劇は大正三年（一九一四）にパラダイス劇場で第一回公演を実施して以来、大正七年（一九一八）五月の帝国劇場での公演をはじめとして、市村座や歌舞伎座などの劇場で東京公演をおこなってきました。公演は好評で、手ごたえを感じた一三は、昭和七年（一九三二）、株式会社東京宝塚劇場（現在の東宝株式会社）を設立し、昭和九年（一九三四）一月一日、東京宝塚劇場を開場しました。その前年に誕生したのが星組です。柿落し公演は、前年宝塚大劇場で大好評ロングランとなった白井鐵造によるレビュー『花詩集』などでおこなわれました。

42

宝塚少女歌劇番組
（昭和九年正月　東京宝塚劇場　月組公演）
昭和九年（一九三四）
公益財団法人 阪急文化財団

昭和九年一月一日に開場した、東京宝塚劇場柿落とし公演のプログラム。冒頭に一三による口上が掲載されている。この劇場を「大衆芸術の陣営、家庭共楽の殿堂」としたいという理想的な言葉とともに、劇場内の食堂を細やかに紹介するなど現実的な案内もなされているところが面白い。

昭和11年6月『ロザリータ』ほか

昭和12年1月『戀に破れたるサムライ』ほか

昭和13年1月『たのもしき銃後』ほか

昭和14年7月『北京の蘭』ほか

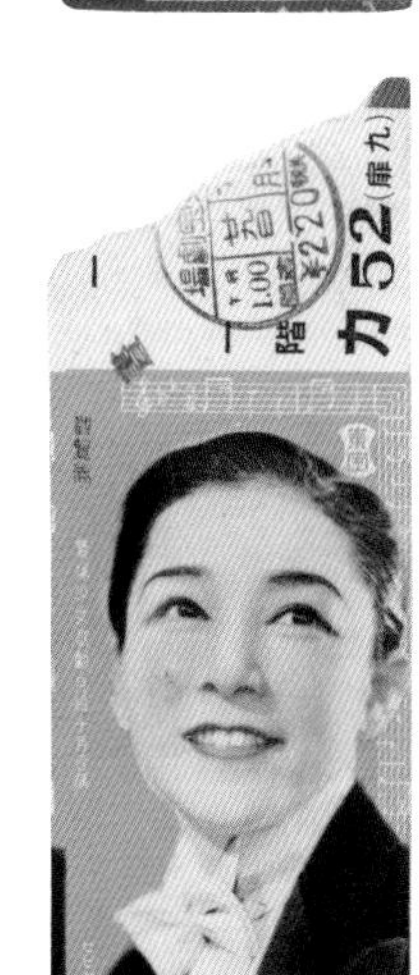

昭和14年10月『我等の旅行記』ほか

昭和14年11月『みち草』ほか

43

東京宝塚劇場観覧券
昭和十一～十四年（一九三六～三九）
公益財団法人 阪急文化財団

男役スター小夜福子が描かれているものなどデザインはさまざまだが、いずれも宝塚音楽歌劇学校の校歌を表す五線譜が描かれているのが特徴的。一三は「新聞紙の広告をはじめとし、あるゆるポスターに楽譜の輪郭を描いて、宝塚を象徴せしめた」と「アニイパイルの前に立ちて」（No.46）の中で語っている。

日本の歌劇を世界の舞台へ　海外公演の夢

昭和10年(1935)8月20日 初めての欧米視察に出発する直前、宝塚大劇場で開催された『歌劇』愛読者大会の舞台上で挨拶する一三

東京宝塚劇場の開場により、本格的に東京進出を果たした宝塚少女歌劇は、その後活躍の場を海外にまで広げていくことになります。

一三が岸田辰彌を大正十五年（一九二六）から海外視察に派遣した目的には、宝塚少女歌劇の海外公演の可能性について様子を見てくることもあったようです。一三自身も昭和十年（一九三五）に初めての欧米視察をおこない、海外の演劇事情を目の当たりにして、海外進出への思いを強くしたようです。その頃から海外公演という夢の実現に向けて動いていた一三の思いが実現するのは、昭和十三年（一九三八）のことでした。世界情勢が戦争に向かっていた頃、日本・ドイツ・イタリアが同盟を結んで協力関係を深めようという状況を背景に、「日独伊親善芸術使節団」として第一回ヨーロッパ公演の機会が訪れたのです。生徒三〇人ほかスタッフ一同は、十月に靖国丸で神戸港を発ち、ドイツ、ポーランド、イタリアの二五都市で公演をおこない、翌昭和十四年三月に日本に戻りました。

昭和13年(1938)、神戸を出港し靖国丸でナポリへ向かう訪独伊芸術使節団

出発に先立ち、一三はこの公演への思いを次のように語っています（「独伊芸術使節として渡欧するに際して」『歌劇』第二二三号、昭和十三年〈一九三八〉）。

> 私は、世界にほこるべき、歌舞伎の、演劇と舞踊を代表し得る我宝塚少女歌劇ひっさげて、堂々と世界を闊歩して見たい、同時に、それは、日本文化の、美しい、麗はしい、芸術的の一面を世界に紹介し度い

第一回ヨーロッパ公演は、美しい着物姿や日本的情緒豊かな場面が好評だったようですが、西洋の音楽にあわせてステップを踏む場面などは当地の観客に物足りなさを感じさせたと当時の新聞記事には書かれています。一三自身も「我宝塚が欧州の公演によって受けたる感想から見ると、如何に賞讃され、歓迎されたからと言ふても、要するに可愛らしい新奇の娘達の芸事位にしか思はれない。」（「私の夢！」『歌劇』第二二七号、昭和十四年〈一九三九〉）とあるように、どうやらその結果には満足していなかったようです。

ヨーロッパ公演のメンバーが帰国すると、その翌月の四月には「訪米芸術使節団」としてアメリカ公演のメンバーが出発、戦前は中国北部での公演もおこなわれています。その最中、昭和十五年

44

ドイツ、イタリア公演パンフレット

昭和十三年（一九三八）

公益財団法人 阪急文化財団

「日独伊親善芸術使節団」として第一回ヨーロッパ公演をおこなった時のパンフレット。表側は富士山と桜がデザインされ、内側には桜模様の着物をまとった天津乙女の写真が掲載されている。

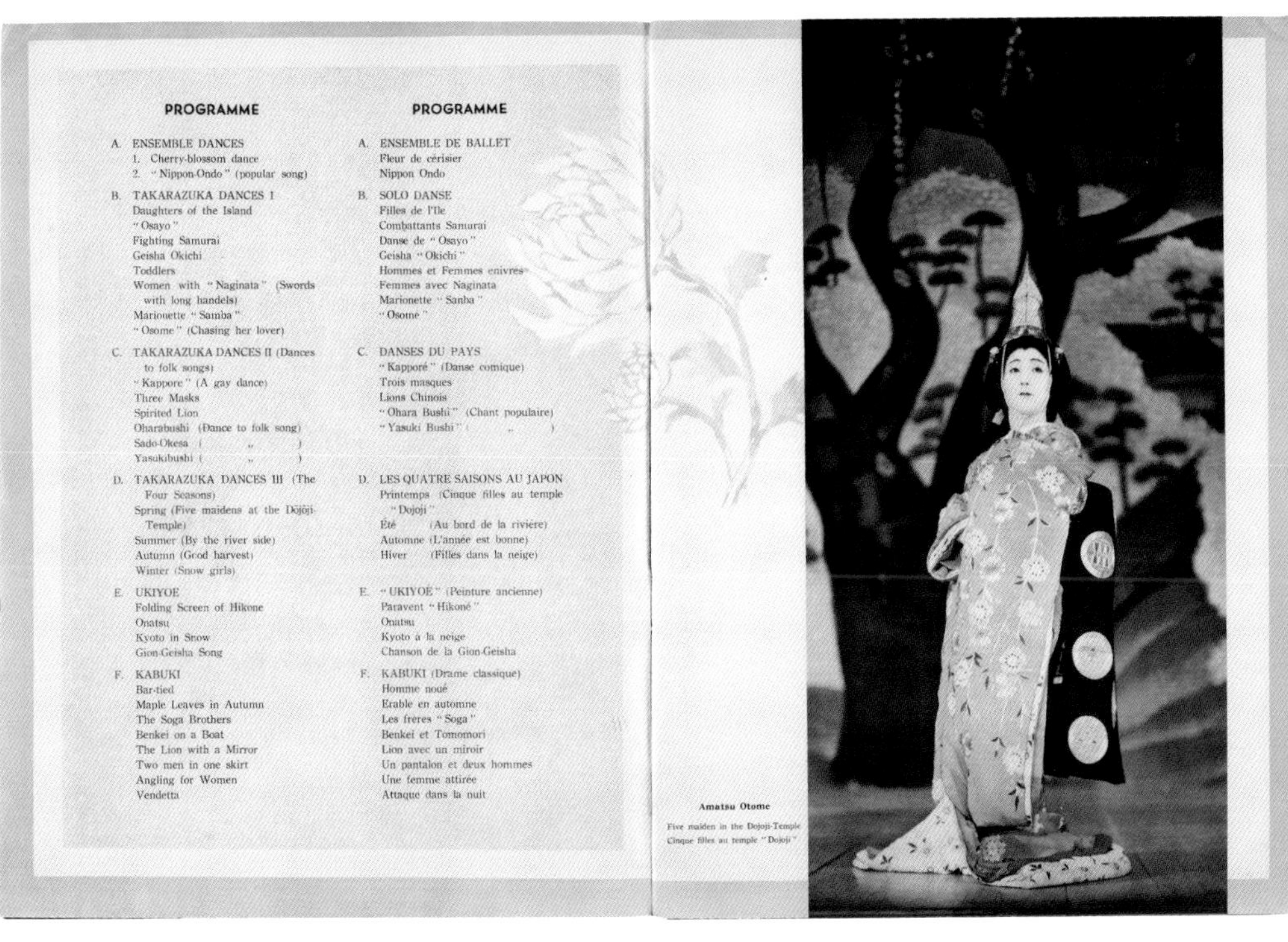

PROGRAMME

A. ENSEMBLE DANCES
1. Cherry-blossom dance
2. "Nippon-Ondo" (popular song)

B. TAKARAZUKA DANCES I
Daughters of the Island
"Osayo"
Fighting Samurai
Geisha Okichi
Toddlers
Women with "Naginata" (Swords with long handels)
Marionette "Samba"
"Osome" (Chasing her lover)

C. TAKARAZUKA DANCES II (Dances to folk songs)
"Kappore" (A gay dance)
Three Masks
Spirited Lion
Oharabushi (Dance to folk song)
Sado-Okesa (〃)
Yasukibushi (〃)

D. TAKARAZUKA DANCES III (The Four Seasons)
Spring (Five maidens at the Dōjōji-Temple)
Summer (By the river side)
Autumn (Good harvest)
Winter (Snow girls)

E. UKIYOE
Folding Screen of Hikone
Onatsu
Kyoto in Snow
Gion-Geisha Song

F. KABUKI
Bar-tied
Maple Leaves in Autumn
The Soga Brothers
Benkei on a Boat
The Lion with a Mirror
Two men in one skirt
Angling for Women
Vendetta

PROGRAMME

A. ENSEMBLE DE BALLET
Fleur de cérisier
Nippon Ondo

B. SOLO DANSE
Filles de l'Ile
Combattants Samurai
Danse de "Osayo"
Geisha "Okichi"
Hommes et Femmes enivres
Femmes avec Naginata
Marionette "Sanba"
"Osome"

C. DANSES DU PAYS
"Kapporé" (Danse comique)
Trois masques
Lions Chinois
"Ohara Bushi" (Chant populaire)
"Yasuki Bushi" (〃)

D. LES QUATRE SAISONS AU JAPON
Printemps (Cinque filles au temple "Dojoji"
Été (Au bord de la rivière)
Automne (L'année est bonne)
Hiver (Filles dans la neige)

E. "UKIYOE" (Peinture ancienne)
Paravent "Hikoné"
Onatsu
Kyoto à la neige
Chanson de la Gion-Geisha

F. KABUKI (Drame classique)
Homme noué
Erable en automne
Les frères "Soga"
Benkei et Tomomori
Lion avec un miroir
Un pantalon et deux hommes
Une femme attirée
Attaque dans la nuit

Amatsu Otome

Five maiden in the Dojoji-Temple
Cinque filles au temple "Dojoji"

（一九四〇）に、「宝塚少女歌劇団」は「宝塚歌劇団」と名を改めました。

　戦後は昭和三十年（一九五五）のハワイ公演をはじめとして、カナダ・アメリカ、中南米、中国、韓国など、世界各地での公演をおこなっています。一三の、日本のレビューを世界へという夢は、今も受け継がれているのです。

45

『東宝十年史』

昭和十八年(一九四三)

個人

東宝(東京宝塚劇場)の十年の足跡を掲載したもので、その興行の履歴や会社の状況などが編年で記されている。軍への慰問の記録など戦時色の濃い一面もみられるが、戦時下の刊行では考えられないほど美麗な装丁となっている。中綴じの東宝経営劇場分布図には、東京・大阪・名古屋などの大都市と並び、甲府宝塚劇場の所在が示されている。巻頭には一三が「東宝十年に際して」と題した序文を寄せており、「十年一昔を顧みると多少の感慨なきにしもあらずであるが、実は、その一昔を回顧するのは今の私としては望ましきことではない。(略)それよりも十年先のことが気にかゝるのである。それが私の持つて生れた性質であるからである。」と、十年を回顧する節目に十年先の未来を考える、実業家としての一三の思想の一端をみることができる。

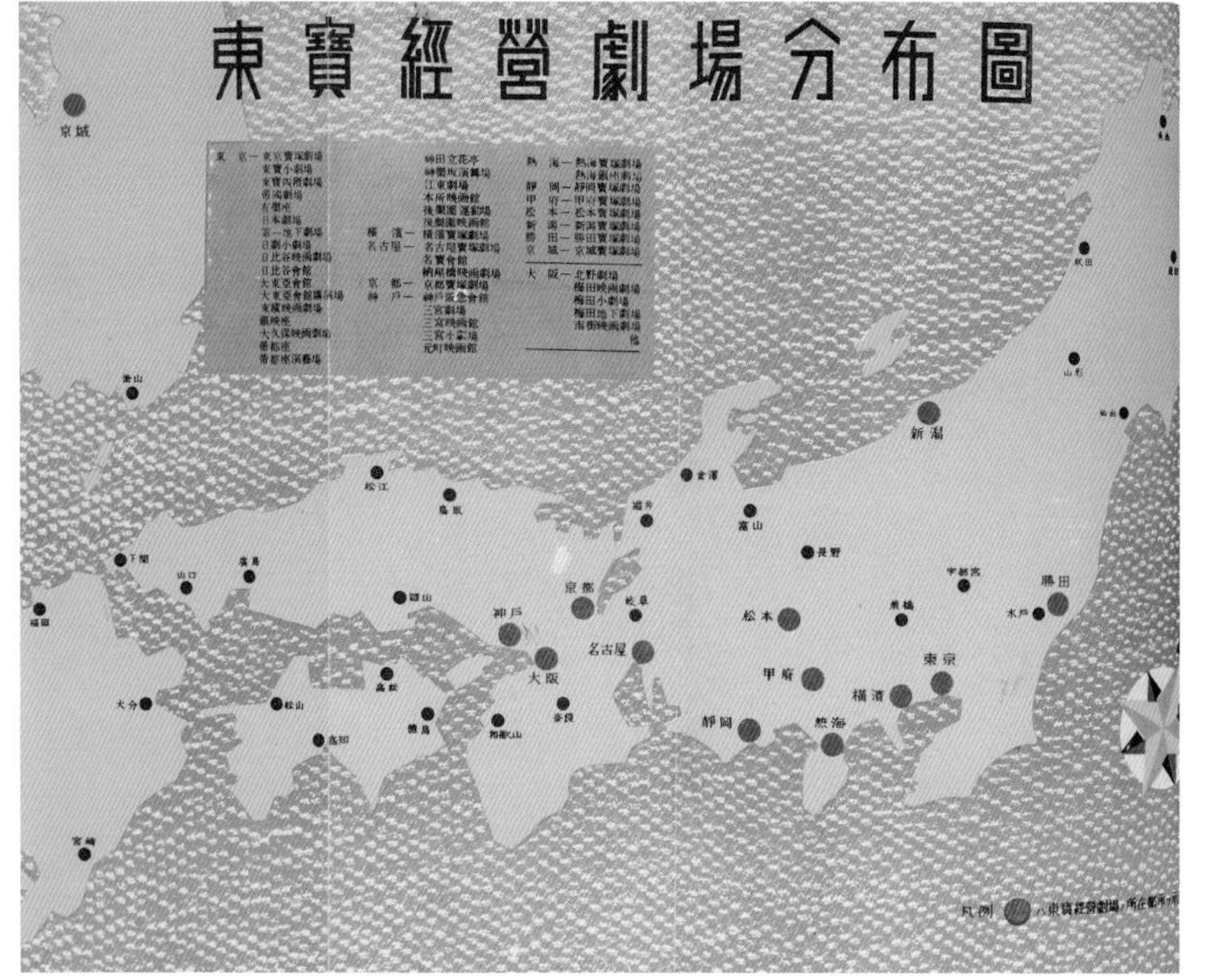

『東宝十年史』中綴じの東宝経営劇場分布図

広がる夢と、広がる事業

東京宝塚劇場が開場して以来、一三はより多くの人が娯楽を楽しめるような施設、事業を幅広く展開していきます。昭和八年(一九三三)に建設された日本劇場や、明治四十四年(一九一一)創立の帝国劇場の経営も担い、昭和九年(一九三四)には日比谷映画劇場がオープン、その翌年には東宝映画株式会社が設立されました。昭和十八年(一九四三)には株式会社東京宝塚劇場と東宝映画株式会社が合併し、東宝株式会社(東宝)が誕生します。東宝は、映画の製作、配給、興行および演劇興行の総合的一貫経営をおこない、一三の「大衆の求める安価で良質な娯楽を届ける」という理念を実現するかのように全国の主要都市に系列の劇場をつくり、チェーン展開していきました。

しかし、戦時色が強まるなか、昭和十九年(一九四四)の決戦非常措置要項により宝塚大劇場や東京宝塚劇場は閉鎖されてしまいます。戦後、宝塚大劇場が再開されるのは昭和二十一年(一九四六)のことでした。一方東京宝塚劇場は進駐軍によって接収され、アーニー・パイル劇場と呼ばれ、進駐軍将兵たち専用の劇場とされました。東京宝塚劇場が返還されたのは昭和三十年(一九五五)一月のことで、戦時中の閉鎖から実に十一年もの歳月が流れたのです。その三か月後の四月、白井鐵造による『虞美人』で東京宝塚劇場は再開の幕を開けます。

接収されていた間、「東京宝塚劇場」の文字があるはずの場所には「ERNIE　PYLE」のアルファベットが掲げられていました。

> 私は、『アーニイ・パイル』の横文字が、淡い、うす緑の五線紙型ネオンサインの色彩の中に明滅するのを、ジッと見詰めていた。眼がしらが熱くうるおいそめて、にじみ出して湧いてこぼれて来る涙を拭く気にもなれない。誰れも見て居らない、泣けるだけ泣いてやれ、という心持ちであつたかもしれない。私は、頬のあたりまで持つていつたハンカチを再び下げて、唇を押えたまま、暫らくジッと佇んで居つたのである。
>
> 小林一三『宝塚漫筆』

ネオンサインにデザインされた五線譜は宝塚音楽歌劇学校の校歌の旋律で、一三が「新聞紙の広告をはじめとし、あるゆるポスターに楽譜の輪郭を描いて、宝塚を象徴せしめた」ものでした。そのネオンに照らされる文字が「東京宝塚劇場」に戻った時の一三の喜びは、どんなにか大きなものだったことでしょう。

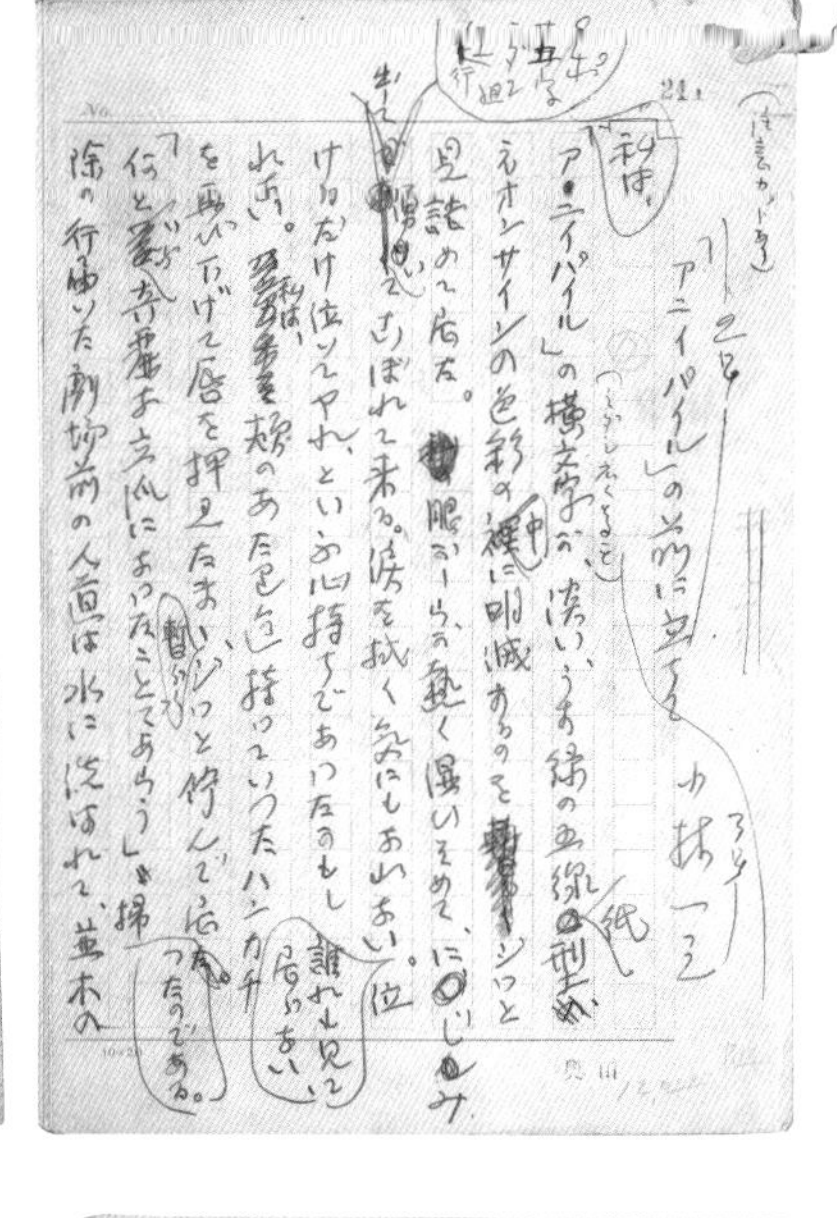
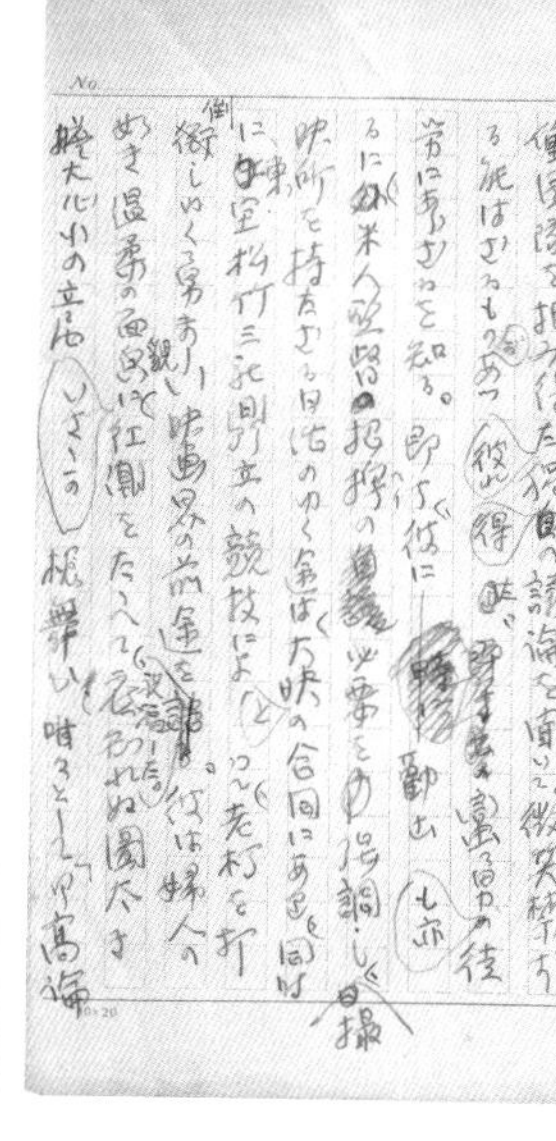

46

小林一三筆「アニイパイルの前に立ちて」原稿

昭和二十一年（一九四六）

公益財団法人 阪急文化財団

東京宝塚劇場は戦後進駐軍に接収され、昭和三十年（一九五五）一月に返還された。米兵専用の劇場だったころ、その前にたたずみ涙を流したという記述から、この文章ははじまっている。のちに『宝塚漫筆』などに収録された。

昭和55年刊行

昭和30年刊行

47

小林一三著『宝塚漫筆』

昭和三十年（一九五五）　個人

昭和五十五年（一九八〇）　個人

昭和三十年六月に実業之日本社から刊行された著作。「アニイパイルの前に立ちて」（No.46、書籍では「アーニイ・パイルの前に立ちて」となっている）のほか、「宝塚生い立ちの記」や歌劇団の機関誌『歌劇』に昭和二十一年（一九四六）から連載をはじめた「おもひつ記」、「東京宝塚劇場の再開に憶う」などが収録されている。

大正8年（1919）の宝塚音楽歌劇学校校舎

宝塚音楽学校

宝塚歌劇団で舞台に立つために必要な能力を身につける場、それが宝塚音楽学校です。大正八年（一九一九）にその前身である宝塚音楽歌劇学校が創立されると、小林一三は初代校長に就任します。

宝塚音楽学校の創立

大正二年（一九一三）七月に結成された宝塚唱歌隊は、十二月に宝塚少女歌劇養成会となり、文部省の認可を得て大正八年（一九一九）一月六日に宝塚音楽歌劇学校が創立されると養成会は解散、その後昭和十四年（一九三九）に宝塚音楽舞踊学校、昭和二十一年（一九四六）に宝塚音楽学校と改称され、現在に至っています。令和五年（二〇二三）は宝塚唱歌隊が結成されてからちょうど一一〇年にあたり、記念行事などがおこなわれたことは記憶に新しいところです。

宝塚音楽歌劇学校の創立とともに、生徒と卒業生から組織される宝塚少女歌劇団も誕生しました。それ以来、学校と少女歌劇団は一体のものとして歩んで来ましたが、宝塚音楽舞踊学校の時に区分され、昭和十五年（一九四〇）、宝塚少女歌劇団は宝塚歌劇団と改称しています。

宝塚音楽歌劇学校が設立されると、初代校長には一三が就任しました。宝塚少女歌劇養成会の頃から一三は指導者に優秀なスタッフを招き東京音楽学校（現在の東京藝術大学）の規則に則って教育がおこなわれていたようで、それは宝塚音楽歌劇学校になっても変わらなかったようです。設立当初は嘱託として劇作家の坪内士行、教員として高木和夫、久松一聲、原田潤、楳茂都陸平、金健二・光子夫妻らが名を連ね、唱歌や声楽、楽器や舞踊などの授業がおこなわれました。

芸の追及に、限りなし

『歌劇』第四号（大正八年〈一九一九〉）収録の「宝塚音楽歌劇学校の設立」によれば、当時は予科、本科、研究科に分かれ、

宝塚音楽歌劇学校声楽教室

宝塚音楽歌劇学校ダンス教室

予科で音楽的なことに関する一般的な内容を、本科で専門的な内容をそれぞれ一年間で学び、研究科はさらに専門的内容を深めるために年限は設けないとあります。当時入学が認められたのは小学校または女学校卒業の十四才以上の者で、入学には試験があり、合格者には授業料が免除される上に手当てが支給されました。また、生徒は宝塚少女歌劇団の一員であるとされ、歌劇団の公演は学校で習得した技術の実習発表の場と捉えられていたようです。

その後、入学年齢や定員、学科は時代の移り変わりとともに変遷し、戦時下の昭和十九、二十年（一九四四、四五）には、生徒の募集が中止されたこともありました。また、昭和三十二年（一九五七）からは予科一年、本科一年の二年制が採用されています。

宝塚歌劇の舞台に立つためには、音楽学校を卒業しなくてはなりません。校訓である「清く、正しく、美しく」の教えのもと、生徒たちは合唱や声楽、日本舞踊やバレエなどのさまざまなダンス、ピアノや演劇など、宝塚歌劇の舞台で必要な能力を身につけるためのカリキュラムに日々取り組んでいるのです。

現在でも、音楽学校を卒業して歌劇団に入団した卒業生たちは、「生徒」と呼ばれます。入団したばかりの生徒のことを研究科一年、略して「研一」などと呼ぶことがあるのは、かつて音楽学校に研究科があったことの名残りと考えられています。演劇、声楽、ダンス、日本舞踊などの試験が研一、研三、研五の生徒を対象に実施され、その成績で序列が決まったり、稽古やレッスンの場所を正式には教室と呼ぶことなど、現在も歌劇団には〝学校的な色彩〟が強く残っているそうです。

一三は、創立時から昭和十五年（一九四〇）までと、昭和二十六年（一九五一）から同三十一年（一九五六）まで、二度にわたり校長を務めています。一三は、「おもひつ記」と題した文章を歌劇団の機関紙である『歌劇』に連載していました。そこには、宝塚歌劇やその生徒たち、あるいは宝塚から羽ばたいていった卒業生たちの活躍に対して寄せられた、時に厳しく、また愛情に満ちた言葉があふれています。そうした言葉の数々からは、一三が宝塚の生徒たちに対して、父親のような気持で接していた様子をうかがうことができます。

宝塚音楽歌劇学校校舎前予科卒業　昭和10年(1935)　当時校長を務めていた一三は2列目中央にいる

コラム

芸名のこと

音楽学校を卒業して宝塚歌劇の舞台に立つとき、生徒たちは本名ではなく芸名を名乗ります。宝塚少女歌劇が発足した大正時代の頃の生徒たちの芸名は、当時一般に親しまれていた「小倉百人一首」から付けられました。第一期生のひとり秋田衣子は天智天皇「秋の田のかりほのいほの苫をあらみ 我が衣手は露にぬれつつ」から、大正七年(一九一八)から昭和にかけて在団した天津乙女の名は、僧正遍昭の「天つ風雲の通ひ路吹きとぢよ 乙女の姿しばしとどめむ」にちなんだものです。瀧川末子、岩瀬滝子、瀬尾はやみなどのように、崇徳院「瀬をはやみ岩にせかるる瀧川の 割れても末に逢はむとぞ思ふ」の一首から複数の名前が生まれることもありましたが、生徒が増えてくると一〇〇首のいずれかにちなむということは難しくなっていきました。過去に使われたものと同じ芸名は原則として名乗らないことになっているそうですが、中には例外もあり、現在ではかなり自由に考えられているといいます。

一方、生徒同士が互いを呼び合うのは愛称が多く、もともと音楽学校時代の同期生の間でおこなわれていたものが、次第に歌劇団やファンの間にも広まっていったそうです。愛称は本名にちなんだものなどが多いようですが、時折舞台上のセリフに紛れて、あるいは生徒同士の対談の中で聞こえると、親近感が高まるように感じる人も多いのではないでしょうか。

昭和29年(1954)4月　宝塚音楽学校前に立つ一三

※48
宝塚音楽学校制服（複製品）
平成時代
宝塚歌劇団

ボレロ風の上着をまとう制服。昭和初期頃に着用されたデザインとみられる。

※49
宝塚音楽学校制服
令和五年（二〇二三）
宝塚歌劇団

昭和三十一年（一九五六）に定められた制服。細部のデザインは変化しつつも、現在も着用されている。

※50
正装（緑の袴）
令和五年（二〇二三）
宝塚歌劇団

大正十年（一九二一）以降、生徒が着用する袴は緑色に統一されたといわれる。今も公式の行事などには欠かせない装いとなっている。

コラム

制服のこと

宝塚音楽学校の現在の制服は、グレーのボレロとジャンパースカート、制帽、赤の蝶ネクタイで、左胸には竪琴をかたどった校章を着けます。現在の制服は元宝塚歌劇団衣装デザイナーの静間潮太郎のデザインによるもので、昭和三十一年（一九五六）より正式に着用されるようになりました。

このデザイン以前にも洋装の制服が着用されたこともありましたが、大正時代には、生徒たちの定番の姿は着物に袴姿でした。当時、袴の色はさまざまだったようですが、大正十年（一九二一）ごろ、ある生徒が着用していた緑の袴が一三の目に留まり、それ以降、緑色に統一されたそうです。また、公式の行事に出る際などは、華美を競うことを避ける意味もあり、揃いの黒紋付を着用するようになったといいます。

生徒たちは、袴と白足袋の間に足首が少し見えるよう短めにはき、帯の結び目に袴の腰板をのせるようにして腰をぐっと締め上げて着用するそうです。白井鐵造が昭和五年（一九三〇）に制作したレビュー『パリゼット』の主題歌のひとつ「おお宝塚」の歌詞にも登場する「青い袴」はこの緑の袴のことで、歌劇団生徒の正装として、今も折々の行事などでその装いを見ることができます。

一三と宝塚歌劇　今に伝わる思い

昭和三十二年（一九五七）、小林一三は亡くなります。宝塚大劇場でおこなわれた宝塚音楽学校葬には多くの生徒が参列し、一三ゆかりの曲を捧げるなどしています。

昭和29年（1954）宝塚歌劇40周年式典で挨拶する一三

宝塚歌劇創立四十周年を迎えて

昭和二十九年（一九五四）四月一日、一三は宝塚大劇場でおこなわれた宝塚歌劇四十周年式典に出席しました。正装の生徒たちが舞台に並ぶなか挨拶に立った一三は、「どうも少しあがつたように、暫らくの間発言ができなかつた」（『宝塚漫筆』）といい、我ながら気の弱いのに驚いたと述べています。

一三は四十周年を節目に刊行された『宝塚歌劇四十年史』の序文も書いています。その中で、自身の提唱してきた「大劇場主義」と「新国民劇の創成」について、宝塚歌劇と大劇場建設によって、理想のモデルケースを作ったと述べています。一三の考える新国民劇とは、どのようなものだったのでしょう。序文には次のように記されています。

> 私の五十年来確言する新国民劇とは、新時代の感覚と装備を持つた歌舞伎、その表現はチョン髷であつても、洋服を着て居ても、大衆の要求するものは、歌舞伎の持つ内容と形式と、それは歌と、舞踊と、その伎芸と、即ち読んで字の如く、「歌舞伎」の要素を持つて居るものでなければ、駄目だと信じてゐる。（略）私は結局、歌と、セリフと舞を、巧みに組合せて、しかも、何時も新時代感覚を織込んで、観客が乗出して歓迎する歌舞伎、即ち、それが新国民劇だと言ひ得るものと考へてゐる。

さらに次のように続けています。

> そしてこの理想は四十年前、私が宝塚少女歌劇を創始し、将来の国民音楽は洋楽であるべしと信じ、従来の歌舞伎、舞踊、狂言等を洋楽化し、新作の数々を発表し、新しい演出を試み、現在に至つてレビューを中心に興行してゐるけれど、実は、これも一時の過程であるものと考へてゐる。

昭和32年(1957)1月31日　宝塚音楽学校葬

一三は、歌とセリフと舞を巧みに組み合わせ、人々が求める新しい時代感覚を反映した「歌舞伎」こそが新国民劇であり、宝塚歌劇の現在地はそこに至る過程にあると考えていた様子がうかがえます。そして、「如何なる時代に於ても、国民の時代感覚に指導性を持つて進んでゆく宝塚一党の方針は、必ず成功するものと信じて「断じて失望しない」と筆を進めています。この時、一三は八十一歳、理想実現のため、さらにその先へ進もうという強い意欲が、宝塚歌劇のみならず、さまざまな事業を実現させてきた原動力だったのかもしれません。

一三との別れ　宝塚音楽学校葬

昭和三十二年（一九五七）一月二十五日、一三は大阪府池田市の自宅で亡くなりました。急性心臓性喘息（ぜんそく）による突然の訃報で、八十四歳でした。

一月三十一日、宝塚大劇場で宝塚音楽学校葬がおこなわれました。歌劇団の生徒三〇〇名ほどがステージ上に並び、天津乙女が弔辞を述べています。また、春日野八千代が『静御前（しずかごぜん）』を舞い、一三が歌劇団の初期に執筆した脚本の主題歌も生徒たちによって歌われ、最後には音楽学校の校歌が合唱されました。この日の葬儀のために阪急電車では電車を増発し、非番の駅員まで総動員して、四〇〇〇人ほどともいわれた弔問客の送迎にあたったそうです。

宝塚大劇場は多くの弔問客で溢れましたが、一三が歌劇を観るときにいつも座っていた指定席「『ろ』の23番」は、空席とされたそうです。一三が最後に観た宝塚歌劇は、亡くなる少し前の一月八日、花組公演『宝塚おどり絵巻』『メリー・ウイドウ』でした。その日も一三は、「『ろ』の23番」から生徒たちを見ていたのでしょうか、一三の日記には「いづれも面白い、好評である。」と書かれており、最後の宝塚観劇が満足のいくものだったことを伝えてくれます。

今も息づく一三の思い

創立一一〇周年を間近に控えた今、宝塚歌劇はさまざまなジャンルや海外ミュージカルなどの公演に挑戦し続けています。「清く、正しく、美しく」の精神のもと育まれた生徒たちによって、本拠地である宝塚大劇場や東京宝塚劇場にとどまらず、全国各地の劇場での公演や、海外公演も積極的におこなわれています。一三が理想とした新国民劇の創成や、いい芝居を安い料金で広く大衆に見せたいという大劇場主義への思いは、今も確かに息づいているのではないでしょうか。

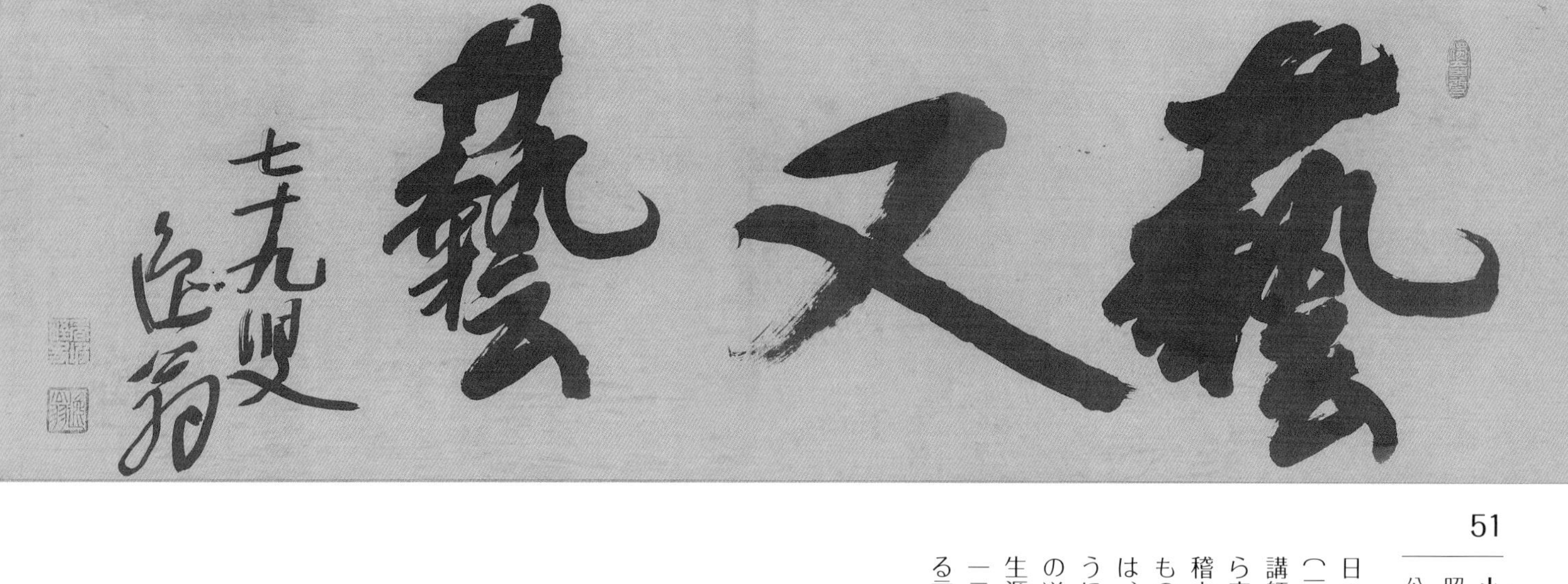

51

小林一三筆　扁額「藝又藝」

昭和二十六年（一九五一）

公益財団法人 阪急文化財団

日本舞踊家であり、昭和十年（一九三五）からは宝塚歌劇団の講師も務めた花柳禄寿が、東京から宝塚に居を移した際、新居での稽古場開きの折に一三が贈ったものという。宝塚音楽学校の生徒は、卒業して歌劇団に所属するようになっても生徒と呼ばれる。芸の道に終わりはなく、学び続け、生涯歩み続ける道なのだという、一三の教えに触れることのできる言葉である。

コラム

お父さんか、校長先生か

小林一三が亡くなってから四年後の昭和三十六年（一九六一）には、財界、芸能界など各方面の知人たちの文章を集めた『小林一三翁の追想』が刊行されました。音楽学校葬で弔辞を読み、舞を捧げた天津乙女、春日野八千代も一文を寄せています。その中には一三が「お父さんとよびなさい」と何度も言っていたこと（天津乙女「十二歳の印象」）や、生徒たちには自分から「お父さん」と言っていたこと（春日野八千代「小林先生のおもいで―『山三』はいるか―」）などが記されています。一三が宝塚の生徒たちに対して父親のような気持ちで接していた様子をうかがうことのできるエピソードですが、二人の文章の中では、一三はもっぱら「校長先生」と呼ばれているのも面白いところです。

一三の訃報を伝えた当時の新聞の見出しには、「今太閤」「財界の巨星」など、生前の業績を讃える仰々しい賛辞が踊りました。しかし彼女たちにとっては、一三はずっと〝校長先生〟だったのでしょう。天津乙女は、歌劇団草創期から昭和まで在籍した〝宝塚の至宝〟、春日野八千代は永遠の二枚目、白薔薇のプリンスと呼ばれた男役の大スターです。天津乙女は一三の次のような言葉を思い返しています。

「エーコ、エーコとよびつけてごめんよ。お前も大きくなったのによびつけて悪いが、どうしても入学して来た時の姿が忘れられないから、言わしておくれ」

宝塚の歴史に残る名スターの彼女たちですら、一三にとってはいつまでたっても音楽学校に入学してきたときの少女のまま、娘のように愛しい存在だったのでしょう。

第二章 宝塚歌劇の歩み

小林一三の没後も、宝塚歌劇は数々の名作を世に送り出しています。昭和四十九年（一九七四）に初めて上演され、国民的大ブームとなった『ベルサイユのばら』や、『風と共に去りぬ』、『エリザベート―愛と死の輪舞（ロンド）―』といった宝塚歌劇の名舞台は、時代を超えて演じ継ぐスターたちの輝きを反映しながら、常に新たな魅力を放ち続けています。本章では、演じ継がれる名作の衣装などから、宝塚歌劇の歩みを振り返ります。

演じ継がれる名作

小林一三が亡くなってからも、その志を受け継ぎ、宝塚歌劇はさまざまな作品を上演し、たくさんの人を楽しませています。繰り返し上演され、時代を超えて人々を魅了し続ける作品も多く、宝塚の歴史を彩っています。

大正三年（一九一四）に宝塚少女歌劇として第一回公演がおこなわれて以来、宝塚歌劇では、数々の作品が上演されてきました。

昭和四十二年（一九六七）には初めての海外ミュージカルとしてブロードウェイ・ミュージカル『オクラホマ！』が、その翌年には『ウエストサイド物語』が上演され、後に続く海外ミュージカル公演の先鞭をつけました。また、ブロードウェイ・ミュージカルに限らず、ロンドン・ミュージカル『ME AND MY GIRL』、ウィーン・ミュージカル『エリザベート―愛と死の輪舞（ロンド）―』など、多くの海外ミュージカルが、宝塚歌劇を通じて日本の観客を魅了したのです。

また、昭和四十九年（一九七四）に初めて上演された『ベルサイユのばら』は、宝塚の歴史に大きな一ページを刻むこととなりました。『ベルサイユのばら』は、週刊マーガレットに昭和四十七年（一九七二）五月から翌四十八年十二月まで連載された池田理代子原作の長編劇画『ベルサイユのばら』を舞台化したもので、〝ベルばらブーム〟と呼ばれるほどの大ブームを宝塚歌劇にもたらしました。演じる組やスターによって脚本や設定を変え、再演を繰り返しています。

昭和五十二年（一九七七）に月組で初めて上演された『風と共に去りぬ』は、マーガレット・ミッチェルの原作で、ハリウッドで映画化もされた名作です。『ベルサイユのばら』と同じく何度も再演されています。

大正三年（一九一四）に『ドンブラコ』で幕を開けた宝塚歌劇は、今では本拠地である宝塚大劇場や東京宝塚劇場でそれぞれ年間九公演、ほかにも全国各地の劇場で数々の公演がおこなわれています。かつて一三が舞台のために脚本を書いたように、今も多くの演出家や音楽家、振付家たちの手によって宝塚歌劇の舞台は生み出されています。

一三は『宝塚歌劇四十年史』の序文で「顧れば、可憐純情なる少女達によつて出発したる我が歌劇団が、世人に愛されて、如此大きく育つて来た所以は、新しい時代の要望に答へて来たからである。」と述べています。海外ミュージカルを取り入れ、劇画や小説、時には映画やドラマなどから着想を得た作品が演じられ、人気の演目は新たな息吹を与えて再び上演する。こうした宝塚歌劇が積み重ねてきた歩みは、常に「新しい時代の要望に答へて来た」結果そのものではないでしょうか。

※52

公演ポスター『ベルサイユのばら―フェルゼンとマリー・アントワネット編―』
（平成二十七年七月　梅田芸術劇場　花組公演）

平成二十七年（二〇一五）
公益財団法人 阪急文化財団

平成二十七年に再演された『ベルサイユのばら』は、フェルゼンとマリー・アントワネット編。フェルゼンをトップスター明日海りお、アントワネットを花乃まりあ、オスカルを柚香光が演じた。梅田芸術劇場で一週間の公演の後、台北国家戯劇院で公演された。

ベルサイユのばら

～池田理代子原作「ベルサイユのばら」より～

十八世紀のフランスを舞台に、王妃マリー・アントワネットとスウェーデン貴族フェルゼン、女性でありながら将軍家の跡取りとして育てられた男装の麗人オスカルと、その乳母の息子で幼いころからオスカルに思いを寄せるアンドレを中心に展開する物語。原作はフランス革命という大きな時代の渦に巻き込まれていく彼らの人生を運命的に描いた池田理代子原作の大ヒット長編劇画で、連載終了の翌年、昭和四十九年（一九七四）八月に宝塚で舞台化され、月組により上演されました。ドラマチックなストーリーと、ステージ全体に漂うフランスロココ調のゴージャスな雰囲気、そして宝塚歌劇の男役を彷彿とさせるオスカルという存在、さまざまな要素が相互に効果を上げ、社会現象ともいうべき大ブームを巻き起こしました。

初演以来、宝塚歌劇や時代の節目など特別な時に再演され、宝塚大劇場での公演は一五回を数えます。フェルゼンとアントワネットを中心に描くフェルゼンとマリー・アントワネット編、オスカルとアンドレの二人に焦点をあてたオスカルとアンドレ編、フェルゼンとマリー・アントワネットが登場しないオスカル編など、再演ごとに新たな魅力を発信し続け、ファンの心を捉えています。

一方、オスカルとアンドレ二人の〝今宵一夜〟の場面や、バスティーユ牢獄の陥落を見届けてオスカルが亡くなる場面、フェルゼンとマリー・アントワネット編最後のクライマックスである〝断頭台〟の場面など受け継がれる名場面も多く、新たな魅力と変わらぬ魅力が混在する絶妙なバランスが、この作品を特別なものにしているのかもしれません。

令和六年（二〇二四）七月には、宝塚歌劇一一〇周年を機に雪組での公演が発表されています。宝塚での初演からちょうど五〇年となる令和の『ベルばら』は、どのような姿を見せてくれるのでしょうか。

53
衣装（いしょう）　ハンス・アクセル・フォン・フェルゼン
（平成二十七年　花組公演『ベルサイユのばら―フェルゼンとマリー・アントワネット編―』　明日海りお着用）
平成二十七年（二〇一五）
宝塚歌劇団

54

衣装　マリー・アントワネット
（平成二十七年　花組公演『ベルサイユのばら―フェルゼンとマリー・アントワネット編―』　花乃まりあ着用）
平成二十七年（二〇一五）
宝塚歌劇団

※56

小道具 ステファン人形
平成二十六年（二〇一四）
宝塚歌劇団

ステファン人形は、劇中幼いアントワネットがフランスに嫁ぐときに携えてくる男の子の人形。公演最後のクライマックス、バスティーユの牢獄に閉じ込められたアントワネットは、救出に来たフェルゼンの手を取る代わりにステファン人形を彼に託し、自らはフランスの女王として誇り高く断頭台で果てることを選ぶ。その瞬間、ステージ上で大階段は断頭台の階段へと変わる。『ベルサイユのばら』の中でも、最も劇的で美しく、そして哀しい場面である。

※57

小道具 シャンシャン
（平成十八年　星組公演『ベルサイユのばら―フェルゼンとマリー・アントワネット編―』）
平成十八年（二〇〇六）
宝塚歌劇団

公演オープニングとフィナーレで出演者が手に持つ小道具。

55
衣装　オスカル・フランソワ・ド・ジャルジェ
（平成二十七年　花組公演『ベルサイユのばら―フェルゼンとマリー・アントワネット編―』　柚香光着用）
平成二十七年（二〇一五）
宝塚歌劇団

※58
小道具デザイン画
昭和四十九年（一九七四）
宝塚歌劇団
劇中で使用される小道具を製作するためのデザイン画。

※59
道具帳
昭和四十九年（一九七四）
宝塚歌劇団
『ベルサイユのばら』初演時の道具帳。

※60
台本
昭和五十年、五十一年
（一九七五、一九七六）
宝塚歌劇団
『ベルサイユのばら―アンドレとオスカル―』、『ベルサイユのばらⅢ』の台本。

※61
公演ポスター
『ベルサイユのばら』
（宝塚大劇場歴代公演）
昭和四十九年～平成二十六年
（一九七四～二〇一四）
宝塚歌劇団
昭和四十九年の初演以来、平成二十六年の創立一〇〇周年を機とした宙組公演まで、宝塚大劇場における一五回すべての公演ポスター。

THE SCARLET PIMPERNEL

イギリスの作家、バロネス・オリツィの小説をミュージカル化。平成九年（一九九七）にブロードウェイで初演され、高い評価を得た作品です。「スカーレット・ピンパーネル（紅はこべ）」とは、フランス革命の最中、革命政府に捕らえられた貴族達を救い出すイギリスの秘密結社のこと。その首領パーシー・ブレイクニーと、革命政府特命全権大使として組織の壊滅に乗り出したショーヴランとの駆け引きを、パーシーの妻マルグリットも交えて描き出した物語です。

宝塚での初演は平成二十年（二〇〇八）の星組公演で、平成二十二年（二〇一〇）には月組で再演されました。ブロードウェイ作品に宝塚ならではの装置、衣装、振り付けなどを加え、冒険活劇の面白さとともに、夫婦の間の心の機微を丁寧に描き出すなど高い評価を得ました。再演を望む声に応えて、平成二十九年（二〇一七）に星組で上演されています。

THE SCARLET PIMPERNEL
Book and Lyrics by Nan Knighton Music by Frank Wildhorn
Based on the Novel "The Scarlet Pimpernel" by Baroness Orczy
Original Broadway Production Produced by
Radio City Entertainment and Ted Forstmann
With Pierre Cossette, Bill Haber, Hallmark Entertainment and
Kathleen Raitt

※62
公演ポスター『THE SCARLET PIMPERNEL』
（平成二十二年四月　宝塚大劇場　月組公演）
平成二十二年（二〇一〇）
公益財団法人 阪急文化財団

平成二十二年の月組での再演は、トップコンビ霧矢大夢と蒼乃夕妃のお披露目公演でもあった。

63
衣装
パーシー・ブレイクニー
（平成二十二年　月組公演
霧矢大夢着用）
平成二十二年（二〇一〇）
宝塚歌劇団

64
衣装（いしょう）
マルグリット・
サン・ジュスト
（平成二十二年　月組公演
蒼乃夕妃着用）
平成二十二年（二〇一〇）
宝塚歌劇団

風と共に去りぬ

南北戦争が勃発したアメリカ南部で、強くたくましく生きる農園の令嬢スカーレット・オハラと、彼女を愛するレット・バトラーの物語。ハリウッドでも映画化された世界的ベストセラーであるマーガレット・ミッチェルの小説が原作で、宝塚では昭和五十二年（一九七七）に月組で初公演がおこなわれました。

スカーレットは、初演の順みつきをはじめとして、女性の役ながら男役のスターが多く演じている役です。また、スカーレットの心の声を象徴する「スカーレットⅡ」という役が登場するのも宝塚版の特徴となっています。さらに初演でレット・バトラーを演じた榛名由梨が髭をつけたことも大きな話題となりました。『風と共に去りぬ』が上演されたのは、『ベルサイユのばら』の初演から三年後のことでした。ベルばらブームで盛り上がった宝塚の人気を確かなものとしていった、宝塚歌劇を代表する作品のひとつです。

66
衣装
レット・バトラー
（平成二十五年　宙組公演
凰稀かなめ着用）
平成二十五年（二〇一三）
宝塚歌劇団

※65
公演ポスター『風と共に去りぬ』
（平成二十五年九月　宝塚大劇場　宙組公演）
平成二十五年（二〇一三）
公益財団法人 阪急文化財団

平成二十五年の宙組での再演は、宝塚歌劇九九周年の年に、レット・バトラーをトップスター凰稀かなめが、朝夏まなとと七海ひろきが役替わりでスカーレットを演じた。翌一〇〇周年には月組による梅田芸術劇場公演、星組による全国ツアー公演がおこなわれている。

67

衣装（いしょう）
スカーレット・オハラ
（平成二十五年　宙組公演
朝夏まなと・七海ひろき
〈役替わり〉着用）
平成二十五年（二〇一三）
宝塚歌劇団

エリザベート—愛と死の輪舞(ロンド)—

十九世紀末のオーストリアを舞台に、ハプスブルク家の皇后・エリザベートの生涯を、黄泉の帝王トート〝死〟との関係性でつづったミュージカル作品。ウィーンでロングランヒットを続けた作品であり、宝塚での初演は平成八年(一九九六)二月の雪組公演で、トップスター一路真輝のサヨナラ公演としておこなわれました。

エリザベートは美貌の皇后として知られ、星の髪飾りをつけ白いドレスで振り返る仕草を描いた肖像画は有名ですが、一幕の終わりに舞台に登場するエリザベートの姿は、絵画から抜け出したような美しさで観客を魅了します。トートは、〝死〟という概念的な存在でありながら、エリザベートの魅力にとらわれその愛を求め続けるという極めて人間的な側面を持ち合わせており、女性でありながら男性を演じるという宝塚の男役とも重なるところがあります。原作ではエリザベートが主人公でしたが、トートが主役となった宝塚版は初演以来大好評で、宝塚歌劇の代表作のひとつとなっています。

※68

公演ポスター『エリザベート—愛と死の輪舞(ロンド)—』
(平成三十年八月　宝塚大劇場　月組公演)
平成三十年(二〇一八)
公益財団法人 阪急文化財団

平成三十年の月組公演は、平成八年の初演から数えて一〇作目という記念すべき公演だった。トップスター珠城りょうがトートを演じ、エリザベートを演じたトップ娘役愛希れいかは、この公演で退団した。

69

衣装
トート
(平成三十年　月組公演
珠城りょう着用)
平成三十年(二〇一八)
宝塚歌劇団

70

衣装
エリザベート
（平成三十年　月組公演
愛希れいか着用）
平成三十年（二〇一八）
宝塚歌劇団

ファントム

ガストン・ルルーの小説『オペラ座の怪人』を原作としたミュージカル。ルルーの原作は映画や舞台、ミュージカルなど多くの作品を生みだしてきましたが、宝塚で上演されたのは、平成三年（一九九一）にアメリカで初演されたアーサー・コピット脚本、モーリー・イェストン作曲のミュージカル『Phantom（ファントム）』です。仮面をかぶり、パリ・オペラ座の地下で生きていかなければならない運命を背負った怪人の、苦渋に満ちた人生を送る心の葛藤を鮮明に浮かび上がらせ、やがて訪れる悲劇の結末までをドラマティックに描き出した作品です。

初演は平成十六年（二〇〇四）五月の宙組公演で、公演にあたりモーリー・イェストン作曲による新曲が提供されています。その後も再演ごとに、公演にあたり新たな曲の提供や宝塚版ならではの新演出によって魅力を増し、多くの人の心をとらえる作品となっています。

PHANTOM
Book by Arthur Kopit
Music and Lyrics by Maury Yeston
Based on the novel by Gaston Leroux
"Originally Produced in the United States at Theatre Under the Stars, Houston, Texas"
"PHANTOM is presented through special arrangement with Music Theatre International (MTI).
All authorized performance materials are also supplied by MTI.
423 West 55th Street, 2nd Floor, New York, NY 10019 USA
Phone: 212-541-4684 Fax: 212-397-4684 www.MTIShows.com"

※71

公演（こうえん）ポスター『ファントム』
（平成三十年十一月　宝塚大劇場　雪組公演）

平成三十年（二〇一八）
公益財団法人 阪急文化財団

初演から数えて四作目となる平成三十年の雪組公演は、トップスター望海風斗（のぞみふうと）がファントムを、クリスティーヌをトップ娘役真彩希帆（まあやきほ）が演じた。

72

衣装（いしょう）
ファントム
（平成三十年　雪組公演
望海風斗着用）

平成三十年（二〇一八）
宝塚歌劇団

73
衣装（いしょう）
クリスティーヌ・ダーエ
（平成三十年　雪組公演
真彩希帆着用）
平成三十年（二〇一八）
宝塚歌劇団

劇場の感動を手元に

今でこそ、ブルーレイやDVD、CDなどさまざま媒体で舞台の感動を繰り返し体験することはできます。しかし、宝塚歌劇がスタートした大正時代にはそういうわけにはいきません。だからこそ、出演者や配役が掲載された公演パンフレットは、当時のファンたちにとっては宝物のような存在だったことでしょう。大正六年（一九一七）には公演ごとの脚本集も発行され、また主題歌の楽譜も販売されています。

74
公演プログラムなど
昭和六年～令和五年（一九三一～二〇二三）
個人

公演プログラム『トウランドット姫』ほか
（昭和9年 東京宝塚劇場　月組公演）

公演プログラム『娘八景』ほか
（昭和7年　宝塚大劇場　阪急創立廿五周年記念宝塚少女歌劇特別公演）

公演プログラム『ローズ・パリ』ほか
（昭和6年　宝塚大劇場　雪組公演）

楽譜『ローズ・パリ』　昭和6年

『宝塚少女歌劇脚本集』第121号　昭和6年

公演プログラム『ジャンヌの扇』ほか
（昭和11年　宝塚中劇場　花組公演）

※公演プログラム『WEST SIDE STORY』（平成十一年　Takarazuka1000days劇場　星組公演）

※公演プログラム『ベルサイユのばら2001―オスカルとアンドレ編―』（平成十三年　東京宝塚劇場　星組公演）

※公演プログラム『エリザベート―愛と死の輪舞―』（平成十五年　東京宝塚劇場　花組公演）

※公演プログラム『鴛鴦歌合戦／GRAND MIRAGE!』（令和五年　宝塚大劇場　花組公演）

第四章 宝塚歌劇の魅力

大正三年（一九一四）に発足した宝塚少女歌劇は、大正十年（一九二一）に花組と月組が誕生し、その後大正十三年（一九二四）に雪組、昭和八年（一九三三）に星組、そして平成十年（一九九八）に宙組が誕生し、現在では五組がそれぞれに魅力的な舞台を繰り広げています。舞台のフィナーレは、大きな羽根を背に、スポットライトを浴びながら大階段を降りてくるトップスターを中心に、宝石をちりばめたような美しさに満ちています。本章では、舞台に輝きを添える衣装や小道具の数々を紹介します。

組の歴史

大正三年（一九一四）、一七人で初舞台をおこなった宝塚少女歌劇は、観客の増加に対応して、大正十年（一九二一）三月に生徒を分けて公演を二部制とし、第一部を大正八年（一九一九）に移築された公会堂劇場、第二部をパラダイス劇場でおこなうこととしました。のちに第一部が花組、第二部が月組と命名されます。組に所属した生徒たちが組ごとに公演をおこなうという、現在と同じ体制が整ったのです。

その後、大正十三年（一九二四）の宝塚大劇場完成に伴う通年公演に備えて雪組が誕生、昭和八年（一九三三）には翌年の東京宝塚劇場オープンを控えて星組が誕生しました。星組は戦時色が強まる昭和十四年（一九三九）に廃止されてしまいますが、昭和二十三年（一九四八）に復活を遂げました。そして平成十三年（二〇〇一）の東京宝塚劇場開場をひかえた平成十年（一九九八）には宙組が誕生します。星組誕生から実に六五年振りに新たな組が加わることになりました。

現在、宝塚歌劇は五組制、ほかに組に属さない一芸に秀でた生徒が所属する専科があります。また、入団して一年目の研究科一年生たちは、初舞台後に各組に配属されます。現在各組は八〇人程度で構成され、それぞれ組長・副組長が置かれています。一人一人の生徒、そして各組ごとの魅力が、宝塚歌劇全体の魅力を創り上げているのでしょう。

令和5年　花組公演『GRAND MIRAGE!』ラインダンス

令和5年　花組公演『GRAND MIRAGE!』フィナーレ

令和4年　月組公演『FULL SWING!』ラインダンス

令和4年　月組公演『FULL SWING!』フィナーレ

令和5年　雪組公演『ジュエル・ド・パリ!!』ラインダンス

令和5年　雪組公演『ジュエル・ド・パリ!!』フィナーレ

令和4年　星組公演『JAGUAR BEATージャガービートー』ラインダンス

令和4年　星組公演『JAGUAR BEATージャガービートー』フィナーレ

宙組 COSMOS troupe

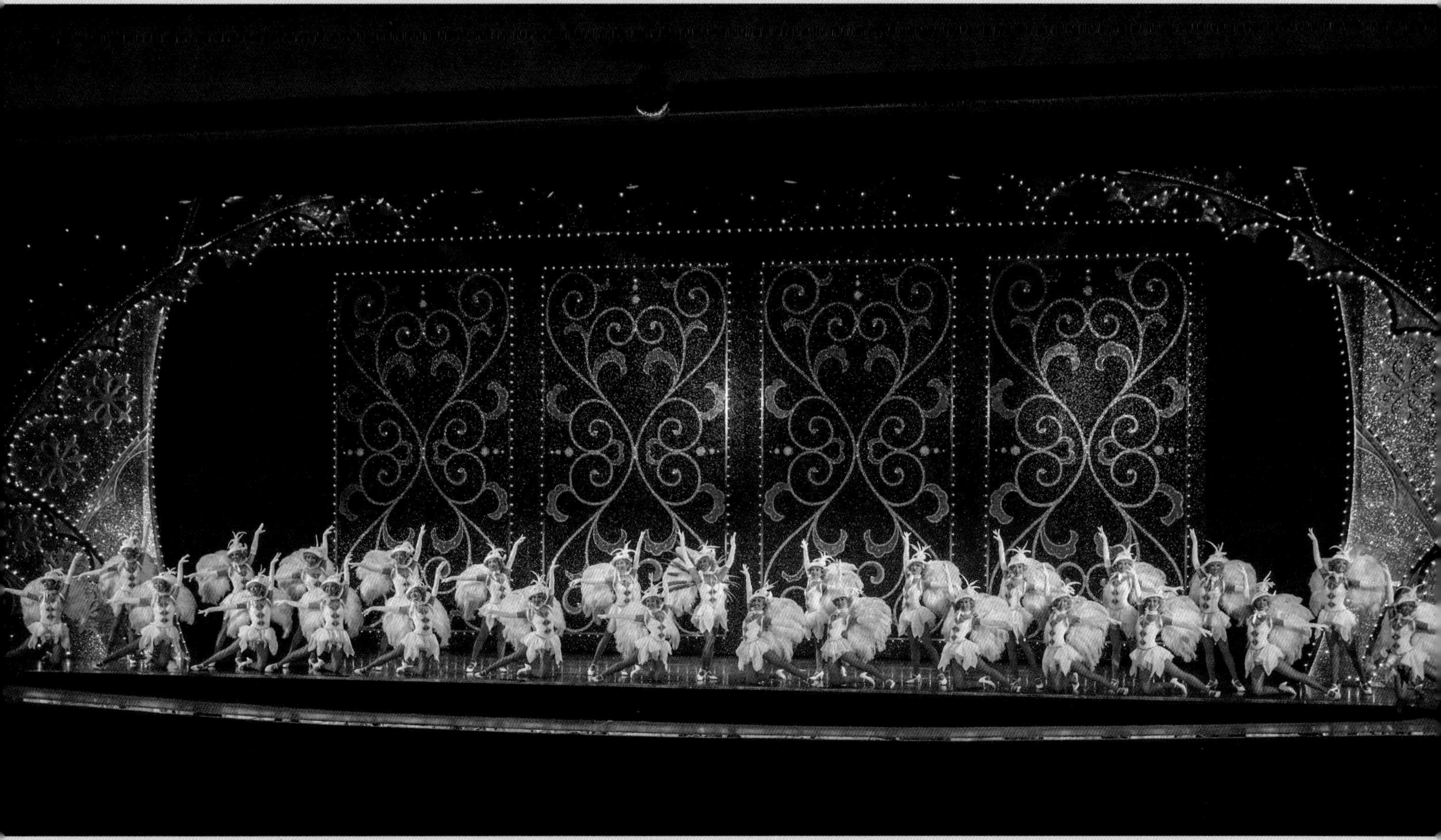

令和4年　宙組公演『Capricciosa!!（カプリチョーザ）』ラインダンス

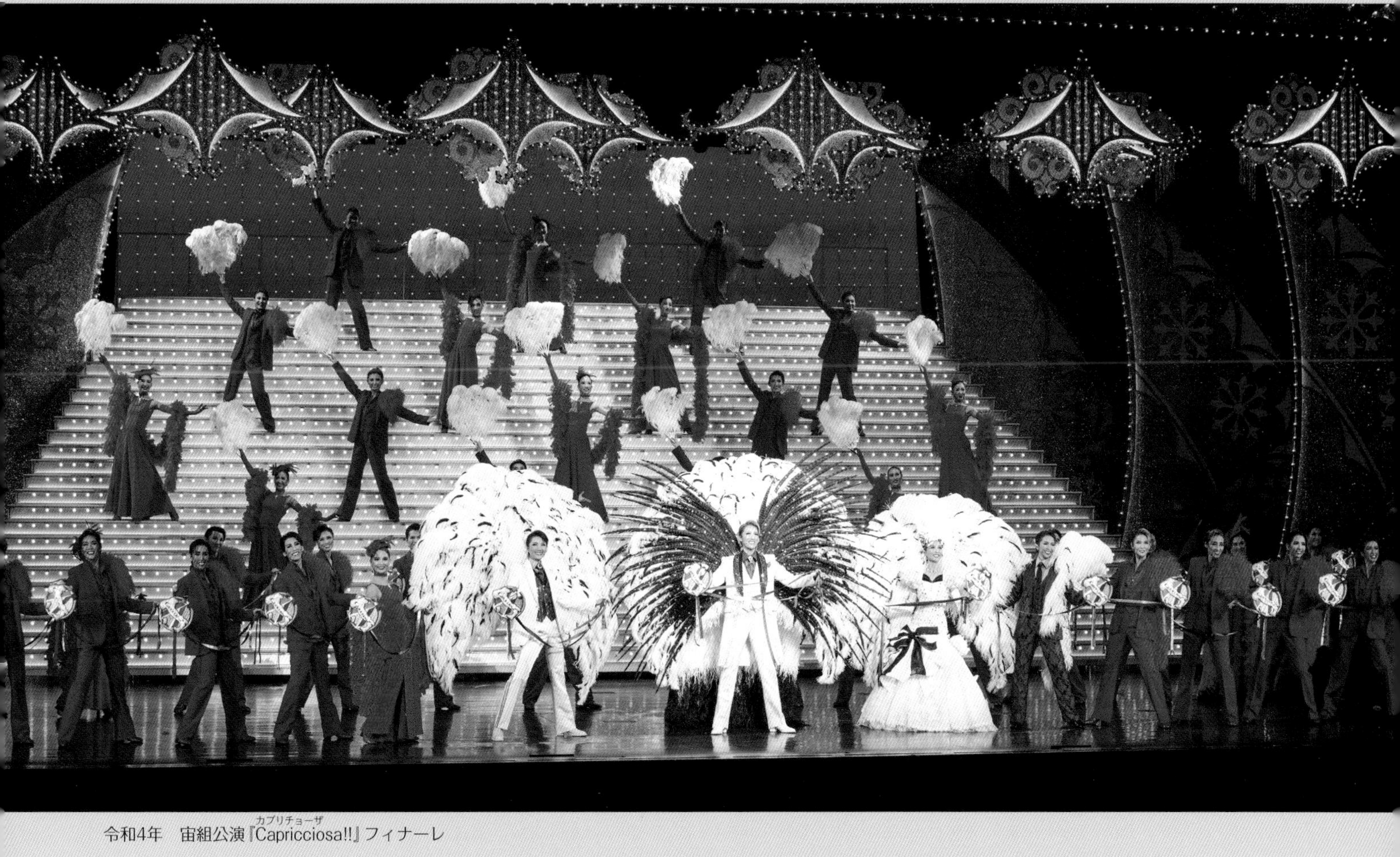

令和4年　宙組公演『Capricciosa!!（カプリチョーザ）』フィナーレ

平成25年 花組公演『Mr.Swing!』

珠玉のショー

華麗なるショー、レビュー

岸田辰彌が昭和二年（一九二七）に制作した日本初のレビュー『モン・パリ（吾が巴里よ）』は、その華やかさで観客の心をとらえて大ヒットし、宝塚にレビューの時代をもたらしました。『モン・パリ』では、ラインダンスや、一六段ながら大階段も登場しています。

ラインダンスも大階段も、多くの人が思い描く宝塚歌劇の要素といえるでしょう。現在の舞台でも欠かすことのできないそうした舞台演出は、すでにこの時からおこなわれていることがわかります。

現在、宝塚歌劇の公演の多くは、一本ものの芝居、あるいは芝居とショーの二本立てでおこなわれています。岸田辰彌のレビューの伝統を受け継ぐショーは、きらびやかで華やかな衣装や装置、奏でる音楽とまばゆい照明、スピード感あふれる場面転換などの効果が相まって、観客を非日常の夢の世界へと誘っています。

75

衣装（平成二十五年　花組公演『Mr.Swing!』　蘭寿とむ着用）

平成二十五年（二〇一三）

宝塚歌劇団

Mr.Swing!とは、最高にクールで最高に情熱的、躍動感に溢れ、リズムを生み出し舞台を燃え上がらせる人のこと。トップスター蘭寿とむ、トップ娘役蘭乃はなを中心とした花組公演で着用された。

76

衣装（平成二十五年　花組公演『Mr.Swing!』　蘭乃はな着用）

平成二十五年（二〇一三）

宝塚歌劇団

平成28年 星組公演『LOVE & DREAM』

77

衣装
（平成二十八年　星組公演『LOVE & DREAM』　北翔海莉着用）
平成二十八年（二〇一六）
宝塚歌劇団

トップスター北翔海莉、トップ娘役妃海風を中心とした星組による、ディズニーと宝塚歌劇の楽曲による〝愛〟と〝夢〟に溢れたレビュー『LOVE & DREAM』で着用された。

78

衣装
（平成二十八年　星組公演『LOVE & DREAM』　妃海風着用）
平成二十八年（二〇一六）
宝塚歌劇団

令和2年 雪組公演『NOW! ZOOM ME!!』

令和4年 宙組公演『FLY WITH ME（フライ ウィズ ミー）』

79

衣装
（令和二年　雪組公演『NOW! ZOOM ME!!』　望海風斗着用）
令和二年（二〇二〇）
宝塚歌劇団

迫力あるダンスシーンやバラエティ豊かなシーンで構成したエンターテインメント性溢れる、トップスター望海風斗による初のコンサート『NOW! ZOOM ME!!』で着用された。

80

衣装
（令和四年　宙組公演『FLY WITH ME』　真風涼帆着用）
Produced by TEAM GENESIS from LDH JAPAN
令和四年（二〇二二）
宝塚歌劇団

劇場全体を「空港」および「宙」に見立て、大空や銀河などをテーマにおこなわれた、トップスター真風涼帆による『FLY WITH ME』で着用された。

※81

衣装
（令和四年　星組公演『めぐり会いは再び next generation 真夜中の依頼人』　舞空瞳着用）
令和四年（二〇二二）
宝塚歌劇団

架空の王国を舞台に繰り広げるミステリー仕立てのラブコメディ『めぐり会いは再び』で星組トップスター礼真琴演じるルーチェのガールフレンド、トップ娘役舞空瞳が演じるアンジェリークが着用した。

絢爛たるフィナーレ

公演の最後、一際華やかにおこなわれるのがフィナーレです。宝塚ならではの舞台装置である大階段が設置され、公演の最後にスポットライトを浴びた出演者たちが次々と降りて来る様子は実に壮観です。

大階段は全部で二六段、一段の奥行はおよそ二三センチで、靴底よりも狭いそうです。また、フィナーレで印象的なのは、最後に降りて来るトップスターが背負う大きな羽根の飾りではないでしょうか。背負い羽根と呼ばれるもので、昭和五年（一九三〇）の『パリゼット』で既に登場しています。

公演の中で最も舞台が輝くフィナーレ。しかしそれは、観る者に夢の世界の終わりを告げる合図でもあるのです。

82

フィナーレ衣装（令和五年　月組公演『Deep Sea ―海神たちのカルナバル―』　月城かなと着用）

令和五年（二〇二三）

宝塚歌劇団

トップスター月城かなと、トップ娘役海乃美月を中心とした月組による、海底神殿に集う海神たちが繰り広げる、情熱的なラテンショー『Deep Sea』のフィナーレで着用された。

83
フィナーレ衣装（令和五年　月組公演『Deep Sea—海神たちのカルナバル—』　海乃美月着用）
令和五年（二〇二三）
宝塚歌劇団

舞台を彩る衣装や小道具

美しく豪華な衣装や装置とともに、舞台に彩りやリアリティを加えるのに重要な役割を果たすのが数々の小道具です。フィナーレの場面などで出演者が手にする持ち物は〝シャンシャン〟と呼ばれ、公演ごとに製作されます。手にすることのできる大きさでなくてはならないという制約がある中で、公演を象徴するようなデザインに見事に仕上げられています。

84
小道具(こどうぐ)　仮面(かめん)
平成〜令和時代
宝塚歌劇団

平成21年 宙組公演　『Amour それは…』

平成18年 月組公演　『レ・ビジュー・ブリアン』

平成29年 月組公演　『カルーセル輪舞曲(ロンド)』

平成26年 雪組公演　『My Dream TAKARAZUKA』

85
小道具(こどうぐ)　シャンシャン
平成十八年〜二十九年（二〇〇六〜二〇一七）
宝塚歌劇団

平成19年 月組公演 『MAHOROBA』

平成16年 花組公演 『天使の季節』

平成21年 雪組公演 『ロシアン・ブルー』

平成16年 宙組全国ツアー公演 『風と共に去りぬ』

平成21年 雪組公演 『ZORRO 仮面のメサイア』

86

衣装 帽子

平成十六年〜二十一年（二〇〇四〜二〇〇九）

宝塚歌劇団

第五章

宝塚歌劇の輝き　さらなる100年へ

宝塚歌劇は、大正三年（一九一四）の初公演から、まもなく一一〇周年を迎えます。本章では、今までの公演の歴史をポスターで振り返ります。

ポスターでたどる宝塚歌劇

一枚の紙の中に公演のエッセンスをデザインした公演ポスター。宝塚歌劇のポスターは、現在確認できるものをみると、横長で文字やイラストでデザインされたものから、やがて縦長に、そしてイラストから写真が使用されたものへと移り変わっていきます。ポスターからは、公演の内容だけでなく、公演がおこなわれた当時の様子まで感じとることができます。

ポスターで振り返る宝塚歌劇

ポスターは、観覧前の観客に対しては公演のイメージを膨らませ、期待感を高める役割を担いますが、観覧後は公演内容だけでなく、その頃の出来事までも思い出させるツールとなります。

まずご紹介する公演ポスターは六点です。最も古いものは、昭和二十九年（一九五四）四月の宝塚大劇場でおこなわれた星組公演『春の踊り』（№87）です。この公演は宝塚歌劇創立四十周年を記念した公演で、初日である四月一日には、公演に先立ち記念式典がおこなわれ、小林一三も挨拶を述べています。『宝塚漫筆』には「満場立錐の余地なしという盛況に直面して、どうも少しあがつたように、暫らくの間発言ができなかつた」とあり、一三ほどの人物でも緊張して言葉が滞るほどの盛況ぶりだったようです。寿美花代はじめ星組の生徒たちに加え、天津乙女、春日野八千代、神代錦らも特別出演しており、記念公演に相応しい豪華な顔ぶれの舞台だったことがわかります。本図録でも紹介している、一三が大階段で多くの生徒に囲まれて写っている写真（一一二頁）は、この公演に際して撮影されたものです。

一三が亡くなってからも、宝塚は多くの作品を世に送り出していきます。昭和三十五年（一九六〇）八月に宝塚大劇場で星組により初めて上演された『華麗なる千拍子』は、その年の十月に東京宝塚劇場で文化庁芸術祭に参加し、文部大臣賞を受賞しました。昭和三十六年（一九六一）一月には宝塚大劇場で月組が、翌二月には雪組が上演し、二か月にわたるロングラン公演をおこなっています。今回紹介したのは、この時の公演の最後を飾った雪組公演（№88）のものです。

一三が建設し、大正十三年（一九二四）七月に開場した宝塚大劇場は、平成四年（一九九二）十一月二十四日、雪組公演『忠臣蔵』の千秋楽をもってその役割を終えました。翌平成五年（一九九三）一月一日に新しく生まれ変わった宝塚大劇場は、星組公演『宝寿頌』『PARFUM DE PARIS』（№89）で幕を開けます。『PARFUM DE PARIS』は世界的なデザイナー高田賢三が衣装デザインを手掛けたことでも話題となりました。当時、星組のトップスターは紫苑ゆうでしたが、花組の安寿ミラ、月組の涼風真世、雪組の杜けあきら各組のトップスターが特別出演をするなど、新たな宝塚大劇場の門出を祝う豪華な公演となりました。

※87
公演ポスター『春の踊り』
（昭和二十九年四月　宝塚大劇場　星組公演）
昭和二十九年（一九五四）　公益財団法人 阪急文化財団

※88
公演ポスター『残雪／華麗なる千拍子』
（昭和三十六年二月　宝塚大劇場　雪組公演）
昭和三十六年（一九六一）　公益財団法人 阪急文化財団

※89
公演ポスター『宝寿頌／PARFUM DE PARIS』
（平成五年一月　宝塚大劇場　星組公演）
平成五年（一九九三）　公益財団法人 阪急文化財団

※90
公演ポスター『哀しみのコルドバ／メガ・ヴィジョン』
（平成七年一月　宝塚大劇場　花組公演）
平成七年（一九九五）　公益財団法人 阪急文化財団

※91
公演ポスター『いますみれ花咲く／愛のソナタ』
（平成十三年一月　東京宝塚劇場　月組公演）
平成十三年（二〇〇一）　公益財団法人 阪急文化財団

※92
公演ポスター『眠らない男・ナポレオン―愛と栄光の涯に―』
（平成二十六年一月　宝塚大劇場　星組公演）
平成二十六年（二〇一四）　公益財団法人 阪急文化財団

93

衣装(いしょう)　ナポレオン・ボナパルト

(平成二十六年　星組公演『眠らない男・ナポレオン―愛と栄光の涯(はて)に―』　柚希礼音着用)

平成二十六年(二〇一四)　宝塚歌劇団

平成二十六年、宝塚歌劇創立一〇〇周年最初の公演『眠らない男・ナポレオン―愛と栄光の涯(はて)に―』で、ナポレオンを演じた星組トップスター柚希礼音(ゆずきれおん)が着用した衣装。ナポレオンが妻のジョセフィーヌに自ら戴冠する歴史的なシーンを、舞台上では豪華な衣装が彩った。

その船出から二年後、平成七年（一九九五）一月十七日に発生した阪神・淡路大震災は、宝塚大劇場にも大きな被害を及ぼしました。当時の新聞記事によれば、大劇場は「天井のスプリンクラー数十個が壊れ、二千五百二十七席の客席や倉庫の衣装が水浸しになった。自慢の回り舞台は動かなくなり、入り口ホールの壁には大きな亀裂が入った。」（『朝日新聞』平成七年二月十三日付紙面）といいます。当時、おこなわれていた公演は花組公演『哀しみのコルドバ』『メガ・ヴィジョン』（No.90）。トップコンビ安寿ミラ、森奈みはるのサヨナラ公演でした。一月一日からスタートした公演は、一月十六日まで中止となりました。被災した大劇場は、そのおよそ二か月後に復旧を果たし、三月三十一日に星組公演『国境のない地図』で再開します。この公演は、星組トップスター麻路さきのお披露目公演でした。

昭和九年（一九三四）に一三が宝塚少女歌劇の東京の拠点として開場した東京宝塚劇場もまた、新たな時代を迎えようとしていました。平成九年（一九九七）十二月に建て替えのために閉館すると、翌平成十年（一九九八）五月には建て替え期間中の公演に対応する「TAKARAZUKA1000days劇場」が開場します。新たな東京宝塚劇場は、平成十三年（二〇〇一）一月一日、月組公演『いますみれ花咲く』『愛のソナタ』（No.91）で幕を開けました。

一三が大正三年（一九一四）に初公演をおこなった宝塚少女歌劇は、平成二十六年（二〇一四）に創立一〇〇周年を迎えました。その年最初の公演は、一月一日から宝塚大劇場でおこなわれた星組公演『眠らない男・ナポレオン―愛と栄光の涯に―』（No.92）でした。ナポレオンの半生を壮大なスケールで描いたこの作品により、宝塚歌劇の新たな一〇〇年への幕が開くこととなったのです。

最新公演ポスター

創立一一〇周年を翌年に控えた令和五年（二〇二三）も、宝塚歌劇は意欲的な作品を上演しています。宝塚大劇場での公演の様子を見てみましょう。

四月の雪組公演は『Lirac の夢路』『ジュエル・ド・パリ!!』（No.94）の二本立て。この公演は、トップコンビ彩風咲奈と夢白あやのお披露目公演でもあり、また宝塚音楽学校を卒業したばかりの第一〇九期生たちの初舞台でもありました。この後、研究科一年の生徒たちは、それぞれの組に配属されています。

六月からの星組公演は、『1789―バスティーユの恋人たち―』（No.95）。平成二十四年（二〇一二）にフランスで初演され大ヒットし、平成二十七年（二〇一五）に月組で日本初演がおこなわれ、再演を待望された作品です。礼真琴を中心とした星組が、名作に新たな魅力を与えています。

七月の花組公演は『鴛鴦歌合戦』『GRAND MIRAGE!』（No.96）。昭和十四年（一九三九）に公開された日本映画『鴛鴦歌合戦』の初の舞台化作品です。和物の芝居と洋物のレビュー、それぞれの魅力を同じ空間で体験することができる宝塚歌劇ならではの楽しみを、柚香光を中心とした花組が提供してくれました。

八月は月組公演『フリューゲル―君がくれた翼―』『万華鏡百景色』（No.97）。月城かなとをはじめとする月組による、冷戦下のドイツを舞台とした芝居と、東京を舞台としたショー、二本立ての公演でした。

九月からの宙組公演は『PAGADO』『Sky Fantasy!』（No.98）です。フランスを舞台としたミュージカル作品と、歌とダンスでつむぐ華やかなショーは、新トップコンビ芹香斗亜と春乃さくらのお披露目公演です。

宝塚大劇場の公演は、その後東京宝塚劇場でも公演され、多くの観客を楽しませています。しかしそれが可能になったのはそれほど前のことではなく、旧東京宝塚劇場が閉館となり、「TAKARAZUKA1000days劇場」が開場した平成十年（一九九八）以降のことです。その年の一月一日に宙組が発足して五組体制となったのも、それを見据えてのことでした。一三が昭和九年（一九三四）に旧東京宝塚劇場を開場した前年には星組が誕生していますが、それと同じ歴史が、六〇年の時を経て繰り返されていることがわかります。

※95
公演ポスター　『1789―バスティーユの恋人たち―』
（令和五年六月　宝塚大劇場　星組公演）
令和五年（二〇二三）　宝塚歌劇団

※96
公演ポスター　『鴛鴦歌合戦／GRAND MIRAGE!』
（令和五年七月　宝塚大劇場　花組公演）
令和五年（二〇二三）　宝塚歌劇団

※97
公演ポスター　『フリューゲル―君がくれた翼―／万華鏡百景色』
（令和五年八月　宝塚大劇場　月組公演）
令和五年（二〇二三）　宝塚歌劇団

※98
公演ポスター　『PAGADO／Sky Fantasy!』
（令和五年九月　宝塚大劇場　宙組公演）
令和五年（二〇二三）　宝塚歌劇団

阪急阪神東宝グループ

宝塚歌劇

雪組公演

朝美絢

彩風咲奈

夢白あや

ミュージカル・ロマン

ライラック

Lilacの夢路

—ドロイゼン家の誇り—

作・演出・振付／謝 珠栄

ファッシネイト・レビュー

ジュエル・ド・パリ!!

パリの宝石たち

作・演出／藤井 大介

文化力

制作・著作／宝塚歌劇団

主な出演者

（雪組）奏乃はると　透真かずき　真那春人
彩風咲奈　久城あす　杏野このみ
朝美絢　愛すみれ　桜路薫
天月翼　白峰ゆり　和希そら
妃華ゆきの　沙羅アンナ　叶ゆうり
諏訪さき　野々花ひまり　希良々うみ
眞ノ宮るい　縣千　夢白あや
（専科）美穂圭子

公演期間

2023
4.22 Sat. → 5.28 Sun.

3月25日（土）前売開始

※チケットお求め方法の詳細については、お申込み・ご購入の際に宝塚歌劇公式ホームページをご確認ください。

お問い合わせ

Tel.0570-00-5100

※一部の携帯電話、IP電話等からはご利用いただけません。

https://kageki.hankyu.co.jp/

Hankyu Corporation　阪急宝塚駅下車

宝塚大劇場

94 公演ポスター『Lilacの夢路／ジュエル・ド・パリ!!』（令和五年四月　宝塚大劇場　雪組公演）
令和五年（二〇二三）　宝塚歌劇団

さらなる100年へ

小林一三によって創立され、大正三年（一九一四）に初公演をおこなった宝塚少女歌劇は、昭和十五年（一九四〇）に宝塚歌劇団と名を変え、間もなく創立から一一〇周年を迎えようとしています。

その間、どれだけの生徒たちが、輝かしい時間を舞台の上で過ごしてきたのでしょうか。宝塚歌劇が放つ輝きは、生徒たちが放つ輝きに他なりません。同じ作品を上演しても決して同じ舞台にならないのは、出演する生徒それぞれの魅力と、常に「新しい時代の要望に答へ」ようとしてきた製作者たちの志によるものでしょう。

一三は、『宝塚漫筆』所収の「私の大劇場主義」の中で、『宝塚歌劇四十年史』の序文をあらためて紹介し、それに続けて「さらに五十年史、百年史を発行し、その序文を書く時代には宝塚はどんなに変わっているだろうか」と記しています。

一三が創り出した宝塚は、「新しい時代の要望に答へ」ながら柔軟に進化し、ますます輝きを放っています。そして一三が残した「清く、正しく、美しく」の精神は、これからも変わることなく、宝塚歌劇を愛するすべての人たちに受け継がれていくのではないでしょうか。

令和5年4月、初舞台を踏んだ第109期生によるラインダンス

創立40周年記念公演　生徒に囲まれた小林一三

人かわり、世はかわつても、そこには私自身の生長の歴史が深く刻みこまれており、
さらに新らしい夢を、若々しい意欲を私に与えてくれるのである。

小林一三『宝塚漫筆』

資料編

小林一三・宝塚歌劇年表

和暦	西暦	月日	満年齢	小林一三・阪急グループ関係	東宝・宝塚歌劇関係
明治6年	1873	1月3日	0歳	山梨県巨摩郡河原部村（現在の韮崎市）の小林家に誕生	
		8月22日		母死去（その後父甚八が小林家から離縁となる）	
明治8年	1875		2歳	別家の家督を相続	
明治11年	1878		5歳	韮崎学校に入学	
明治18年	1885		12歳	韮崎学校を卒業	
明治19年	1886		13歳	私塾成器舎（現在の笛吹市）に入る	
明治20年	1887		14歳	腸チフスに罹患し成器舎をやめる	
明治21年	1888	2月13日	15歳	慶應義塾入塾試験（翌日）のため上京	
明治23年	1890	4月15日	17歳	山梨日日新聞に小説「練絲痕」連載（25日まで）	
この頃				「国民新聞」の依頼で「歌舞伎座に劇評家を見るの記」を執筆するも不採用となる	
明治25年	1892	12月23日	19歳	慶應義塾卒業	
明治26年	1893	4月4日	20歳	三井銀行入行、本店秘書課勤務	
		9月16日		大阪支店転勤、金庫係として勤務（大阪支店長は高橋義雄（箒庵））	
		11月		『この花双紙』に「平相国」を掲載	
この頃				上野新聞に「お花団子」を掲載	
明治27年	1894	7月7日	21歳	三井銀行大阪支店抵当部勤務	
明治28年	1895	9月	22歳	三井銀行大阪支店長に岩下清周就任	
明治29年	1896	9月	23歳	岩下清周が三井銀行を退職（翌年2月北浜銀行設立）	
明治30年	1897	1月3日	24歳	三井銀行名古屋支店に転勤（名古屋支店長は平賀敏）	
明治32年	1899	8月	26歳	三井銀行大阪支店に転勤	
明治33年	1900	10月	27歳	丹羽幸と結婚	
明治34年	1901	1月	28歳	三井銀行東京箱崎倉庫に転勤	
		6月30日		長男冨佐雄生まれる	
明治35年	1902		29歳	三井銀行本店調査係に転勤	
明治36年	1903	5月7日	30歳	長女とめ生まれる	
明治37年	1904	11月18日	31歳	二男辰郎生まれる	
明治39年	1906	1月15日	33歳	箕面有馬電気鉄道（のちに軌道）株式会社発起人会設立	
明治40年	1907	1月23日	34歳	三井銀行を辞職、証券会社設立のため大阪転居も計画は不調におわる	
		4月		阪鶴鉄道（現在のJR福知山線）監査役に就任（8月1日国有化）	
		6月30日		箕面有馬電気軌道（のちの阪急電鉄）の追加発起人となる	
		10月19日		箕面有馬電気軌道設立、専務取締役に就任（社長は空席）	
明治41年	1908	10月	35歳	箕面有馬電気軌道初代社長に岩下清周が就任	
		10月		パンフレット「最も有望なる電車」を発行	
明治42年	1909	3月	36歳	沿線住宅地開発のため大阪府豊能郡池田町（現在の池田市）付近を用地買収	

和暦	西暦	月日	満年齢	小林一三・阪急グループ関係	東宝・宝塚歌劇関係
明治42年	1909	8月18日	36歳	三男米三生まれる	
		11月		池田町に転居	
明治43年	1910	2月22日	37歳	箕面有馬電気軌道第一期工事(梅田・宝塚間および箕面支線)完成	
		3月3日		箕面有馬電気軌道専務から取締役に降任	
		3月10日		梅田・宝塚間および箕面支線運転開始	
		11月1日		箕面動物園オープン	
明治44年	1911	3月30日	38歳	二女春子生まれる	
		5月1日			宝塚新温泉オープン
		6月15日		箕面の桜井住宅地販売開始	
明治45年	1912	7月1日	39歳		宝塚パラダイスオープン
大正2年	1913	5月1日	40歳	豊中運動場完成	
		7月1日			宝塚唱歌隊結成(12月に宝塚少女歌劇養成会と改称)
大正3年	1914	4月1日	41歳		宝塚新温泉パラダイス劇場で第1回公演(歌劇『ドンブラコ』など)
		6月		岩下清周、北浜銀行頭取を辞任	
大正4年	1915	1月11日	42歳	岩下清周が箕面有馬電気軌道社長を辞任(2代目社長平賀敏)	
		8月18日		豊中運動場で第1回全国中等学校優勝野球大会(現在の「夏の甲子園」)開催	
		12月		小説『曽根崎艶話』を出版(のち発禁となる)	
大正5年	1916	3月31日	43歳	箕面動物園閉園	
		10月1日		箕面有馬電気軌道専務に復帰	
大正6年	1917	10月	44歳		宝塚少女歌劇台本集『歌劇十曲』を出版
大正7年	1918	2月4日	45歳	箕面有馬電気軌道が阪神急行電鉄に改称	
		5月23日			宝塚少女歌劇初の東京公演開催
		8月11日			雑誌『歌劇』創刊
		12月28日			宝塚音楽歌劇学校設立認可(翌年1月学校設立、校長に就任)
大正8年	1919	3月17日	46歳		宝塚に新歌劇場(公会堂劇場)竣工
大正9年	1920	7月16日	47歳	神戸本線および伊丹支線開通、「ガラアキで涼しい電車」の広告	
		11月1日		梅田に阪急ビルディング竣工	
大正10年	1921	3月20日	48歳		宝塚少女歌劇二部制となる(のちに花組・月組と改称)
		9月2日		阪急電鉄西宮北口・宝塚間(今津線)開業	
大正11年	1922	6月15日	49歳		宝塚野球場竣工
		6月28日		新京阪鉄道(阪急京都線)創立総会開催	
大正12年	1923	1月22日	50歳		宝塚新温泉火災
		3月20日			宝塚中劇場竣工
		8月15日			宝塚新温泉再建
		9月1日			『日本歌劇概論』を出版
大正13年	1924	2月25日	51歳		職業野球団宝塚運動協会を設立
		7月1日			雪組発足
		7月19日			宝塚大劇場(4、000人収容)開場、月・花組合同柿落し公演開催

和暦	西暦	月日	満年齢	小林一三・阪急グループ関係	東宝・宝塚歌劇関係
大正14年	1925	5月2日	52歳		宝塚ホテル開業
大正15年／昭和元年	1926	1月	53歳		『続歌劇十曲』を出版
		4月20日			宝塚国民座を組織
		7月5日		阪急電鉄大阪市内高架線の運転開始	
		12月18日		阪急電鉄今津線全線開業	
昭和2年	1927	3月10日	54歳	阪急電鉄取締役社長に就任	
		7月28日		東京電燈取締役に就任	
		9月1日			宝塚大劇場で日本最初のレビュー『モン・パリ』初演
昭和3年	1928	3月20日	55歳	東京電燈副社長に就任	
昭和4年	1929	4月13日	56歳	阪急百貨店開店前に「どこよりもよい品物を　どこよりも安く売りたい」新聞広告（14日も）	
		4月15日		阪急百貨店（梅田本店）営業開始	
		7月31日			宝塚運動協会解散
昭和5年	1930	4月1日	57歳	阪急電鉄神戸・梅田間に特別急行電車運転開始（所要時間30分）	
		8月1日			宝塚大劇場で『パリゼット』初演
		11月24日			宝塚国民座解散
昭和7年	1932	6月5日	59歳	『雅俗山荘漫筆』第1巻を刊行	
		8月12日			東京宝塚劇場を創立、取締役社長に就任
		10月18日		『阪神急行電鉄二十五年史』を刊行	
昭和8年	1933	4月20日	60歳		宝塚歌劇20周年記念祭開催
		7月1日			新設星組初公演
		9月8日		『奈良のはたごや』を刊行	
		11月25日		東京電燈取締役社長に就任	
昭和9年	1934	1月1日	61歳		東京宝塚劇場開場、月組柿落し公演開催
		1月8日		阪急電鉄社長を辞任、会長に就任	
昭和10年	1935	1月25日	62歳		宝塚大劇場火災（4月1日復旧工事完成）
		6月		内閣調査局参与に就任	
		9月12日		欧米視察（翌年4月17日まで）	
		9月25日		『私の行き方』を刊行	
昭和11年	1936	1月23日	63歳	阪急職業野球団（のちの阪急ブレーブス）結成	
		2月26日		梅田阪急ビル（阪急百貨店）第四期工事竣工	
		4月1日		阪急電鉄神戸乗り入れ工事竣工	
		6月1日		池田市五月山山麓に自邸雅俗山荘竣工	
		6月8日		『私の見たソビエット・ロシヤ』を刊行	
		7月4日		東京電燈開業五十周年記念式典挙行	
		10月4日		阪急電鉄会長を辞任	
		11月1日			甲府宝塚劇場開場
		11月17日		『次に来るもの』を刊行	
		12月26日		東京電燈社長・会長に就任	

和暦	西暦	月日	満年齢	小林一三・阪急グループ関係	東宝・宝塚歌劇関係
昭和12年	1937	1月1日	64歳		自作の『戀に破れたるサムライ』を東京宝塚劇場で上演
		5月1日		阪急電鉄西宮球場開場	
		5月14日		内閣調査局廃止のため参与を辞任	
		5月14日		朝鮮半島・中国北部視察旅行に出発（6月3日まで）	
		5月			東京宝塚劇場などの社長を辞任
		6月26日		中央経済会議議員に就任	
		9月1日			東宝映画を創立（11日に相談役就任）
		9月25日		内閣情報部参与に就任	
昭和13年	1938	7月16日	65歳	『戦後はどうなるか』を刊行	
		9月6日		日本発送電設立委員に就任	
		10月2日			宝塚少女歌劇第1回ヨーロッパ公演（翌年3月4日帰国）
この頃					東京宝塚劇場が帝国劇場、後楽園スタジアムを傘下とする
昭和14年	1939	3月25日	66歳	三越取締役に就任	
		3月30日		日本軽金属を設立、社長に就任	
		4月1日		日本発送電理事に就任	
		4月4日			宝塚少女歌劇第1回アメリカ公演（7月7日帰国）
		7月20日		『事変はどう片づくか』を刊行	
		10月27日		中央電力調整委員会委員に就任	
昭和15年	1940	3月15日	67歳	東京電燈社長を辞任し会長のみとなる	
		3月29日		イタリア派遣使節に任命される（4月10日出発、7月22日まで）	
		7月22日		第二次近衛内閣商工大臣に就任	
		7月22日		東京電燈などの役職を辞任	
		8月1日		従三位に叙される	
		8月28日		蘭印特派大使に任命される（9月2日から11月1日まで）	
		10月1日			宝塚少女歌劇団を宝塚歌劇団と改称
昭和16年	1941	4月4日	68歳	商工大臣を辞任	
		4月4日		貴族院議員に勅選される	
		5月1日		『中央公論』に「大臣落第記」を寄稿	
昭和17年	1942	4月1日	69歳	東京電燈が関東配電へ吸収・合併され消滅	
		11月15日		『芝居ざんげ』を刊行	
昭和18年	1943	10月1日	70歳	阪急と京阪電鉄合併し京阪神急行電鉄に改称	
		12月10日			東京宝塚劇場と東宝映画が合併して東宝設立
昭和19年	1944	3月1日	71歳		宝塚大劇場、東京宝塚劇場を閉鎖し、宝塚が歌劇の上演を停止
昭和20年	1945	10月30日	72歳	幣原内閣国務大臣に就任（11月5日兼戦災復興院総裁）	
昭和21年	1946	2月24日	73歳		東京宝塚劇場が進駐軍に接収されアーニー・パイルと改称
		3月10日		公職追放令の対象となる	
		4月22日			宝塚大劇場再開
		4月		国務大臣および戦災復興院総裁を辞任	

和暦	西暦	月日	満年齢	小林一三・阪急グループ関係	東宝・宝塚歌劇関係
昭和21年	1946	5月	73歳	貴族院議員を辞任	
		10月30日		『復興と次に来るもの』を刊行	
		12月		『雅俗三昧』を刊行	
昭和22年	1947	4月1日	74歳	阪急の百貨店部門を分離し阪急百貨店を設立	日本劇場で宝塚歌劇東京公演を再開
昭和23年	1948	4月26日	75歳		新東宝設立
昭和24年	1949	4月25日	76歳	池田文庫開館	
		4月		日本国有鉄道（国鉄）初代総裁への就任を打診される	
		6月15日		『逸翁らく書』を刊行	
		12月1日		京阪電鉄を分離	
昭和26年	1951	8月6日	78歳	公職追放解除	
		8月7日			東宝相談役に就任
		8月9日			宝塚音楽学校校長に就任
		10月4日			東宝社長に就任
		10月30日			『虞美人』が宝塚大劇場で大ヒット、8月以来の公演おわる
		11月25日		最後となる故郷・韮崎訪問	
		12月15日		『新茶道』を刊行	
昭和27年	1952	1月30日	79歳	『私の人生観』を刊行	
		10月16日		欧米視察（12月25日まで）	
昭和28年	1953	1月5日	80歳	『逸翁自叙伝』を刊行	
		2月10日		『私の生活信条』に寄稿	
		6月30日		『私の見たアメリカ・ヨーロッパ』を刊行	
昭和29年	1954	1月20日	81歳	『私の事業観』を刊行	
		4月1日			宝塚大劇場で宝塚歌劇40周年記念式を挙行
		9月8日			東宝の映画「七人の侍」、ヴェニス国際映画祭で銀獅子章受賞
		11月3日			東宝の特撮映画「ゴジラ」公開
昭和30年	1955	1月28日	82歳		アーニー・パイル劇場が東京宝塚劇場として返還（4月15日再開）
		6月20日			『宝塚漫筆』を刊行
		9月25日			東宝社長辞任、相談役に就任
昭和31年	1956	2月16日	83歳	新宿コマスタジアム設立、社長に就任（12月28日開場）	
		4月2日		梅田コマスタジアム設立、社長に就任（11月16日開場）	
		11月3日		池田市名誉市民に推薦される	
昭和32年	1957	1月25日	84歳	池田市の自宅で逝去	
		1月31日			宝塚大劇場で音楽学校葬
		10月		逸翁美術館開館	
昭和35年	1960				『華麗なる千拍子』文化庁芸術祭参加、文部大臣賞受賞
昭和39年	1964	1月1日			新宿コマ劇場で初公演
		5月9日			宝塚大劇場で宝塚歌劇50周年記念式典を挙行
昭和42年	1967	7月1日			宝塚大劇場で初の海外作品である『オクラホマ！』上演

和暦	西暦	月日	満年齢	小林一三・阪急グループ関係	東宝・宝塚歌劇関係
昭和48年	1973	1月1日			宝塚大劇場で小林一三生誕100年記念公演開催
昭和49年	1974	8月29日			宝塚大劇場で『ベルサイユのばら』初演
昭和52年	1977	3月25日			宝塚大劇場で『風と共に去りぬ』初演
昭和63年	1988	10月19日		阪急ブレーブスのオリックスへの売却を発表	
平成4年	1992	11月24日			旧宝塚大劇場閉館
平成5年	1993	1月1日			新宝塚大劇場開場、星組柿落し公演開催
平成7年	1995	1月17日			阪神・淡路大震災で宝塚大劇場公演中止
		3月31日			宝塚大劇場公演再開
平成8年	1996	2月16日			宝塚大劇場で『エリザベート―愛と死の輪舞（ロンド）―』初演
平成9年	1997	12月29日			東京宝塚劇場閉館
平成10年	1998	1月1日			宙組発足
		5月30日			東京宝塚劇場建て替え中の仮劇場TAKARAZUKA1000days劇場開場（平成12年12月13日まで）
平成11年	1999	1月25日		一三の命日を「逸翁デー」と定める	
平成13年	2001	1月1日			新東京宝塚劇場開場、月組柿落し公演開催
平成15年	2003	1月3日			宝塚大劇場で小林一三生誕130年「清く 正しく 美しく」開催
平成16年	2004	4月1日			宝塚大劇場で宝塚歌劇90周年記念式典開催
平成17年	2005	8月16日		阪急百貨店梅田本店旧店舗解体工事開始	
平成19年	2007	1月25日			宝塚大劇場で小林一三没後50年「清く正しく美しく―この教え護り続けて―」開催
平成21年	2009	10月3日		逸翁美術館新館移転開館記念式典挙行（翌日オープン）	
平成22年	2010	4月22日		小林一三記念館（池田市）開館	
		10月30日		山梨県立美術館（甲府市）で「小林一三の世界」展開催（11月30日まで）	
平成24年	2012	11月21日		阪急百貨店うめだ本店リニューアルオープン	
平成25年	2013	7月15日			宝塚音楽学校創立100周年記念式典開催
平成26年	2014	4月5日			宝塚大劇場で宝塚歌劇100周年記念式典開催
令和5年	2023	7月18日			宝塚音楽学校創立110周年記念式典開催

※本年表は、刊行物は初版の発行日によったほか、『小林一三日記』掲載の「小林一三年譜」、『宝塚歌劇100周年記念 宝塚歌劇100年展―夢、かがやきつづけて―』、山梨県立美術館『小林一三の世界』展示図録などを参考としました。

出品資料一覧

番号	資料名	員数	時代	所蔵
	プロローグ			
1	衣装（平成二十六年　宝塚大劇場『タカラヅカスペシャル２０１４―Thank you for 100 years―』）	一着	平成二十六年（二〇一四）	宝塚歌劇団
2	衣装（平成二十六年　宝塚大劇場『タカラヅカスペシャル２０１４―Thank you for 100 years―』）	一着	平成二十六年（二〇一四）	宝塚歌劇団
3	扇面「清く、正しく、美しく」（複製品）	一面	現代	宝塚歌劇団
	第一章　宝塚歌劇の原点			
4	『甲府繁昌記』	一冊	明治時代	山梨県立博物館（甲州文庫）
5	『訂正　修身叢語　上・下』	二冊	明治十四年（一八八一）	公益財団法人 阪急文化財団
6	集合直訳	一冊	明治時代	公益財団法人 阪急文化財団
7	成器舎日誌　第弐号	一冊	明治時代	公益財団法人 阪急文化財団
8	小使雑扣	一冊	明治時代	公益財団法人 阪急文化財団
9	金銭出入帳	一冊	明治十八年（一八八五）十二月～明治十九年（一八八六）十二月	公益財団法人 阪急文化財団
10	日記（記事録依小林　甲号）	一冊	明治時代	公益財団法人 阪急文化財団
11	小説「練絲痕」（公私月報第四七号附録）	一冊	昭和九年（一九三四）	山梨県立博物館（甲州文庫）
12	宮武外骨筆　小林一三宛書簡（「練絲痕」掲載紙の発見について）	一通	昭和七年（一九三二）十月十五日	公益財団法人 阪急文化財団
13	小林一三筆　宮武外骨宛書簡（小説「練絲痕」について）	一通	昭和七年（一九三二）十月十七日	山梨県立博物館（古文書雑輯〈二〉）
14	小林一三筆　宮武外骨宛書簡（東京電燈勤務について）	一通	昭和三年（一九二八）四月二日	山梨県立博物館（古文書雑輯〈二〉）
15	柳田泉筆「練絲痕の読後に」原稿	一点	昭和時代	公益財団法人 阪急文化財団
16	小林一三筆　甲洲路	一冊	明治二十四年（一八九一）	公益財団法人 阪急文化財団
17	小林一三筆　笹子峠の露宿	一冊	明治二十五年（一八九二）	公益財団法人 阪急文化財団
18	新聞切り抜き帳　小林一三著「お花団子」（本文、挿絵）	二点	明治二十六年（一八九三）	公益財団法人 阪急文化財団
19	小林一三筆　葡萄図	一幅	昭和時代か	個人
20	三井銀行大阪支店辞令	一枚	明治二十六年（一八九三）	公益財団法人 阪急文化財団

番号	資料名	員数	時代	所蔵
21	小林一三筆　筋書	一点	明治時代（一八九〇～一九〇〇年代）	公益財団法人 阪急文化財団
22	箕面電車回遊双六	一枚	大正二年（一九一三）	公益財団法人 阪急文化財団
23	小林一三著『私の行き方』	一冊	昭和十年（一九三五）	山梨県立博物館（甲州文庫）
第二章　宝塚歌劇の誕生				
24	小林一三作詞　楽譜『クレオパトラ』	一冊	大正七年（一九一八）	公益財団法人 阪急文化財団
25	公演ポスター歌舞伎レヴュウ『戀に破れたるサムライ』（昭和十二年三月　宝塚大劇場　月組公演）	一枚	昭和十二年（一九三七）	公益財団法人 阪急文化財団
26	『宝塚少女歌劇脚本集（附宝塚春秋）』第一九五号	一冊	昭和十二年（一九三七）	個人
27	小林一三著『歌劇十曲』	一冊	大正六年（一九一七）	山梨県立文学館
28	小林一三著『続歌劇十曲』	一冊	大正十五年（一九二六）	公益財団法人 阪急文化財団
29	『歌劇』 ・第七号 ・第四三号 ・第一五二号	三冊	大正九年（一九二〇） 大正十二年（一九二三） 昭和七年（一九三二）	個人 公益財団法人 阪急文化財団 公益財団法人 阪急文化財団
30	小林一三筆「歌舞伎レビュー」に就て」原稿	一点	昭和十二年（一九三七）	公益財団法人 阪急文化財団
31	『歌劇』第二〇三号	一冊	昭和十二年（一九三七）	個人
32	小林一三筆「歌劇と歌舞伎」原稿	一点	昭和十三年（一九三八）	公益財団法人 阪急文化財団
33	『歌劇』第二二〇号	一冊	昭和十三年（一九三八）	個人
34	宝塚少女歌劇夏季公演曲目（大正十三年七月　宝塚大劇場　月・花両組合同公演）	一冊	大正十三年（一九二四）	公益財団法人 阪急文化財団
35	道具帳『モン・パリ』（昭和二年　宝塚大劇場）	一冊	昭和二年（一九二七）	宝塚歌劇団
36	ステージ模型『モン・パリ』（昭和二年　宝塚大劇場）	一点	平成時代	宝塚歌劇団
37	衣装デザイン帳『ネオ・パリゼット〈パリ・ゼット改題〉』（昭和八年　新橋演舞場）	一冊	昭和八年（一九三三）	宝塚歌劇団
38	道具帳『虞美人』（昭和二十六年　宝塚大劇場）	一冊	昭和二十六年（一九五一）	宝塚歌劇団
39	衣装デザイン帳『虞美人』（昭和二十六年　宝塚大劇場）	一冊	昭和二十六年（一九五一）	宝塚歌劇団
40	ステージ模型『虞美人』（昭和二十六年　宝塚大劇場）	一点	令和五年（二〇二三）	宝塚歌劇団
41	公演ポスター『虞美人』（昭和二十六年八月　宝塚大劇場　星組公演）	一冊	昭和二十六年（一九五一）	公益財団法人 阪急文化財団
42	宝塚少女歌劇番組（昭和九年正月　東京宝塚劇場　月組公演）	一冊	昭和九年（一九三四）	公益財団法人 阪急文化財団

番号	資料名	員数	時代	所蔵
43	東京宝塚劇場観覧券 ・昭和十一年六月　『ロザリータ』ほか ・昭和十二年一月　『戀に破れたるサムライ』ほか ・昭和十三年一月　『たのもしき銃後』ほか ・昭和十四年七月　『北京の蘭』ほか ・昭和十四年十月　『我等の旅行記』ほか ・昭和十四年十一月　『みち草』ほか	六枚	昭和十一年～十四年（一九三六～三九）	公益財団法人 阪急文化財団
44	ドイツ、イタリア公演パンフレット	一冊	昭和十三年（一九三八）	公益財団法人 阪急文化財団
45	『東宝十年史』	一冊	昭和十八年（一九四三）	個人
46	小林一三筆「アニイパイルの前に立ちて」原稿	一点	昭和二十一年（一九四六）	公益財団法人 阪急文化財団
47	小林一三著『宝塚漫筆』 ・昭和三十年刊行 ・昭和五十五年刊行	二冊	昭和三十年（一九五五） 昭和五十五年（一九八〇）	個人 個人
48	宝塚音楽学校制服（複製品）	一着	平成時代	宝塚歌劇団
49	宝塚音楽学校制服	一着	令和五年（二〇二三）	宝塚歌劇団
50	正装（緑の袴）	一着	令和五年（二〇二三）	宝塚歌劇団
51	小林一三筆　扁額「藝又藝」	一面	昭和二十六年（一九五一）	公益財団法人 阪急文化財団
	第三章　宝塚歌劇の歩み			
52	公演ポスター『ベルサイユのばら―フェルゼンとマリー・アントワネット編―』 （平成二十七年七月　梅田芸術劇場　花組公演）	一枚	平成二十七年（二〇一五）	公益財団法人 阪急文化財団
53	衣装　ハンス・アクセル・フォン・フェルゼン （平成二十七年　花組公演『ベルサイユのばら―フェルゼンとマリー・アントワネット編―』 明日海りお着用）	一着	平成二十七年（二〇一五）	宝塚歌劇団
54	衣装　マリー・アントワネット （平成二十七年　花組公演『ベルサイユのばら―フェルゼンとマリー・アントワネット編―』 花乃まりあ着用）	一着	平成二十七年（二〇一五）	宝塚歌劇団
55	衣装　オスカル・フランソワ・ド・ジャルジェ （平成二十七年　花組公演『ベルサイユのばら―フェルゼンとマリー・アントワネット編―』 柚香光着用）	一着	平成二十七年（二〇一五）	宝塚歌劇団
56	小道具　ステファン人形	一体	平成二十六年（二〇一四）	宝塚歌劇団
57	小道具　シャンシャン （平成十八年　星組公演『ベルサイユのばら―フェルゼンとマリー・アントワネット編―』）	二点	平成十八年（二〇〇六）	宝塚歌劇団

番号	資料名	員数	時代	所蔵
58	小道具デザイン画	二枚	昭和四十九年（一九七四）	宝塚歌劇団
59	道具帳	一冊	昭和四十九年（一九七四）	宝塚歌劇団
60	台本 ・昭和五十年八月　宝塚大劇場　雪組公演『ベルサイユのばら―アンドレとオスカル―』 ・昭和五十一年三月　宝塚大劇場　星組公演『ベルサイユのばらⅢ』 ・昭和五十一年八月　東京宝塚劇場　月組公演『ベルサイユのばらⅢ』	三冊	昭和五十年（一九七五） 昭和五十一年（一九七六） 昭和五十一年（一九七六）	宝塚歌劇団
61	公演ポスター『ベルサイユのばら』（宝塚大劇場歴代公演） ・昭和四十九年八月　月組公演『ベルサイユのばら』 ・昭和五十年七月　花組公演『ベルサイユのばら―アンドレとオスカル―』 ・昭和五十年八月　雪組公演『ベルサイユのばら―アンドレとオスカル―』 ・昭和五十一年三月　星組公演『ベルサイユのばらⅢ』 ・平成元年八月　雪・花・星組・専科合同公演『ベルサイユのばら―アンドレとオスカル編―』 ・平成元年九月　星・花・月・雪組・専科合同公演『ベルサイユのばら―フェルゼンとマリー・アントワネット編―』 ・平成二年三月　花・月・星組・専科合同公演『ベルサイユのばら―フェルゼン編―』 ・平成三年三月　月・花・雪・星組・専科合同公演『ベルサイユのばら―オスカル編―』 ・平成十三年四月　宙組公演『ベルサイユのばら2001―フェルゼンとマリー・アントワネット編―』 ・平成十三年八月　星組公演『ベルサイユのばら2001―オスカルとアンドレ編―』 ・平成十八年一月　星組公演『ベルサイユのばら―フェルゼンとマリー・アントワネット編―』 ・平成十八年二月　雪組公演『ベルサイユのばら―オスカル編―』 ・平成二十五年一月　月組公演『ベルサイユのばら―オスカルとアンドレ編―』 ・平成二十五年四月　雪組公演『ベルサイユのばら―フェルゼン編―』 ・平成二十六年五月　宙組公演『ベルサイユのばら―オスカル編―』	一五枚	昭和四十九年～平成二十六年（一九七四～二〇一四）	宝塚歌劇団
62	公演ポスター『THE SCARLET PIMPERNEL（スカーレット ピンパーネル）』（平成二十二年四月　宝塚大劇場　月組公演）	一枚	平成二十二年（二〇一〇）	公益財団法人 阪急文化財団
63	衣装　パーシー・ブレイクニー（平成二十二年　月組公演　霧矢大夢着用）	一着	平成二十二年（二〇一〇）	宝塚歌劇団
64	衣装　マルグリット・サン・ジュスト（平成二十二年　月組公演　蒼乃夕妃着用）	一着	平成二十二年（二〇一〇）	宝塚歌劇団
65	公演ポスター『風と共に去りぬ』（平成二十五年九月　宝塚大劇場　宙組公演）	一枚	平成二十五年（二〇一三）	公益財団法人 阪急文化財団
66	衣装　レット・バトラー（平成二十五年　宙組公演　凰稀かなめ着用）	一着	平成二十五年（二〇一三）	宝塚歌劇団
67	衣装　スカーレット・オハラ（平成二十五年　宙組公演　朝夏まなと・七海ひろき（役替わり）着用）	一着	平成二十五年（二〇一三）	宝塚歌劇団
68	公演ポスター『エリザベート―愛と死の輪舞（ロンド）―』（平成三十年八月　宝塚大劇場　月組公演）	一枚	平成三十年（二〇一八）	公益財団法人 阪急文化財団
69	衣装　トート（平成三十年　月組公演　珠城りょう着用）	一着	平成三十年（二〇一八）	宝塚歌劇団
70	衣装　エリザベート（平成三十年　月組公演　愛希れいか着用）	一着	平成三十年（二〇一八）	宝塚歌劇団
71	公演ポスター『ファントム』（平成三十年十一月　宝塚大劇場　雪組公演）	一枚	平成三十年（二〇一八）	公益財団法人 阪急文化財団

番号	資料名	員数	時代	所蔵
72	衣装 ファントム(平成三十年 雪組公演 望海風斗着用)	一着	平成三十年(二〇一八)	宝塚歌劇団
73	衣装 クリスティーヌ・ダーエ(平成三十年 雪組公演 真彩希帆着用)	一着	平成三十年(二〇一八)	宝塚歌劇団
74	公演プログラムなど ・公演プログラム『ローズ・パリ』ほか (昭和六年 宝塚大劇場 雪組公演) ・公演プログラム『娘八景』ほか (昭和七年 宝塚大劇場 阪急創立廿五周年記念 宝塚少女歌劇特別公演) ・公演プログラム『トウランドット姫』ほか (昭和九年 東京宝塚劇場 月組公演) ・公演プログラム『ジャンヌの扇』ほか (昭和十一年 宝塚中劇場 花組公演) ・『宝塚少女歌劇脚本集』第一二一号(昭和六年) ・楽譜『ローズ・パリ』(昭和六年) ・公演プログラム『WEST SIDE STORY』 (平成十一年 Takarazuka 1000 days劇場 星組公演) ・公演プログラム『ベルサイユのばら2001—オスカルとアンドレ編—』 (平成十三年 東京宝塚劇場 星組公演) ・公演プログラム『エリザベート—愛と死の輪舞(ロンド)—』 (平成十五年 東京宝塚劇場 花組公演) ・公演プログラム『鴛鴦歌合戦(おしどりうたがっせん)/GRAND MIRAGE!』 (令和五年 宝塚大劇場 花組公演)	一〇冊	昭和六年~令和五年(一九三一~二〇二三)	個人
	第四章 宝塚歌劇の魅力			
75	衣装(平成二十五年 花組公演『Mr.Swing!』 蘭寿とむ着用)	一着	平成二十五年(二〇一三)	宝塚歌劇団
76	衣装(平成二十五年 花組公演『Mr.Swing!』 蘭乃はな着用)	一着	平成二十五年(二〇一三)	宝塚歌劇団
77	衣装(平成二十八年 星組公演『LOVE & DREAM』 北翔海莉着用)	一着	平成二十八年(二〇一六)	宝塚歌劇団
78	衣装(平成二十八年 星組公演『LOVE & DREAM』 妃海風着用)	一着	平成二十八年(二〇一六)	宝塚歌劇団
79	衣装(令和二年 雪組公演『NOW! ZOOM ME!!』 望海風斗着用)	一着	令和二年(二〇二〇)	宝塚歌劇団
80	衣装(令和四年 宙組公演『FLY WITH ME(フライ ウィズ ミー)』 真風涼帆着用)	一着	令和四年(二〇二二)	宝塚歌劇団
81	衣装(令和四年 星組公演『めぐり会いは再び next generation 真夜中の依頼人(ミッドナイト・ガールフレンド)』 舞空瞳着用)	一着	令和四年(二〇二二)	宝塚歌劇団
82	フィナーレ衣装(令和五年 月組公演『Deep Sea—海神たちのカルナバル—』 月城かなと着用)	一着	令和五年(二〇二三)	宝塚歌劇団
83	フィナーレ衣装(令和五年 月組公演『Deep Sea—海神たちのカルナバル—』 海乃美月着用)	一着	令和五年(二〇二三)	宝塚歌劇団
84	小道具 仮面	四点	平成~令和時代	宝塚歌劇団

番号	資料名	員数	時代	所蔵
85	小道具　シャンシャン ・平成十八年　月組公演『レ・ビジュー・ブリアン』 ・平成二十一年　宙組公演『Amour それは…』 ・平成二十六年　雪組公演『My Dream TAKARAZUKA』 ・平成二十九年　月組公演『カルーセル輪舞曲(ロンド)』	四点	平成十八年〜二十九年（二〇〇六〜二〇一七）	宝塚歌劇団
86	衣装　帽子 ・平成十六年　花組公演『天使の季節』 ・平成十六年　宙組全国ツアー公演『風と共に去りぬ』 ・平成十九年　月組公演『MAHOROBA』 ・平成二十一年　雪組公演『ロシアン・ブルー』 ・平成二十一年　雪組公演『ZORRO 仮面のメサイア』	五点	平成十六年〜二十一年（二〇〇四〜二〇〇九）	宝塚歌劇団

第五章　宝塚歌劇の輝き　さらなる100年へ

番号	資料名	員数	時代	所蔵
87	公演ポスター『春の踊り』（昭和二十九年四月　宝塚大劇場　星組公演）	一枚	昭和二十九年（一九五四）	公益財団法人 阪急文化財団
88	公演ポスター『残雪／華麗なる千拍子』（昭和三十六年二月　宝塚大劇場　雪組公演）	一枚	昭和三十六年（一九六一）	公益財団法人 阪急文化財団
89	公演ポスター『宝寿頌／PARFUM DE PARIS』（平成五年一月　宝塚大劇場　星組公演）	一枚	平成五年（一九九三）	公益財団法人 阪急文化財団
90	公演ポスター『哀しみのコルドバ／メガ・ヴィジョン』（平成七年一月　宝塚大劇場　花組公演）	一枚	平成七年（一九九五）	公益財団法人 阪急文化財団
91	公演ポスター『いますみれ花咲く／愛のソナタ』（平成十三年一月　東京宝塚劇場　月組公演）	一枚	平成十三年（二〇〇一）	公益財団法人 阪急文化財団
92	公演ポスター『眠らない男・ナポレオン—愛と栄光の涯(はて)に—』（平成二十六年一月　宝塚大劇場　星組公演）	一枚	平成二十六年（二〇一四）	公益財団法人 阪急文化財団
93	衣装　ナポレオン・ボナパルト（平成二十六年　星組公演『眠らない男・ナポレオン—愛と栄光の涯(はて)に—』　柚希礼音着用）	一着	平成二十六年（二〇一四）	宝塚歌劇団
94	公演ポスター『Lilac(ライラック)の夢路／ジュエル・ド・パリ!!』（令和五年四月　宝塚大劇場　雪組公演）	一枚	令和五年（二〇二三）	宝塚歌劇団
95	公演ポスター『１７８９—バスティーユの恋人たち—』（令和五年六月　宝塚大劇場　星組公演）	一枚	令和五年（二〇二三）	宝塚歌劇団
96	公演ポスター『鴛鴦歌合戦(おしどりうたがっせん)／GRAND MIRAGE！』（令和五年七月　宝塚大劇場　花組公演）	一枚	令和五年（二〇二三）	宝塚歌劇団
97	公演ポスター『フリューゲル—君がくれた翼—／万華鏡百景色(ばんかきょうひゃくげしき)』（令和五年八月　宝塚大劇場　月組公演）	一枚	令和五年（二〇二三）	宝塚歌劇団

エピローグ

番号	資料名	員数	時代	所蔵
98	公演ポスター『PAGADO(パガド)／Sky Fantasy！』（令和五年九月　宝塚大劇場　宙組公演）	一枚	令和五年（二〇二三）	宝塚歌劇団

主な参考文献

【書籍】

小林一三『日本歌劇概論』宝塚少女歌劇出版部　一九二三（一九二五増補再版）
宝塚少女歌劇団『宝塚少女歌劇廿年史』　一九三三
小林一三『私の行き方』斗南書院　一九三五
小林一三『逸翁自叙伝』産業経済新聞社　一九五三
宝塚歌劇団出版部『宝塚歌劇四十年史』　一九五四
小林一三『宝塚漫筆』実業之日本社　一九五五
小林一三翁追想録編纂委員会編『小林一三翁の追想』　一九六一（一九八〇再版）
小林一三『小林一三全集』全七巻　ダイヤモンド社　一九六一～一九六二
宝塚歌劇団出版部『宝塚歌劇の60年』　一九七四
株式会社阪急百貨店社史編集委員会『株式会社阪急百貨店25年史』株式会社阪急百貨店　一九七六
阪急電鉄株式会社『75年のあゆみ　記述編・写真編』　一九八二
阪田寛夫『わが小林一三　清く正しく美しく』河出書房新社　一九八三
小林一三『小林一三日記』全三巻　阪急電鉄　一九九一
原武史『「民都」大阪対「帝都」東京』（講談社選書メチエ一三三）講談社　一九九八
宝塚歌劇団『すみれ花歳月を重ねて―宝塚歌劇90年史―』　二〇〇四
阪急コミュニケーションズ『宝塚歌劇１００年史　虹の橋渡りつづけて（人物編）』　二〇一四
阪急コミュニケーションズ『宝塚歌劇１００年史　虹の橋渡りつづけて（舞台編）』　二〇一四
朝日新聞出版『宝塚歌劇　華麗なる１００年』　二〇一四
吉田弥生編『歌舞伎と宝塚歌劇―相反する密なる百年』開成出版　二〇一四
公益財団法人阪急文化財団『レール＆ステージ　小林一三の贈り物』　二〇一五
伊井春樹『小林一三は宝塚少女歌劇にどのような夢を託したのか』ミネルヴァ書房　二〇一七
老川慶喜『小林一三　都市型第三次産業の先駆的創造者』（ＰＨＰ経営叢書日本の企業家五）ＰＨＰ研究所　二〇一七
老川慶喜『鉄道と観光の近現代史』（河出ブックス一〇七）河出書房新社　二〇一七
別冊太陽編集部編『宮武外骨　頓智と反骨のジャーナリスト』（別冊太陽　日本のこころ二五〇）平凡社　二〇一七
齋藤康彦『小林逸翁　一三翁の独創の茶』宮帯出版社　二〇一八
小竹哲『宝塚少女歌劇、はじまりの夢』集英社インターナショナル　二〇二三

【展示図録】

山梨県立美術館『小林一三の世界展　逸翁美術館の名品を中心に』　二〇一〇
兵庫県立美術館、日本経済新聞『宝塚歌劇１００周年記念　宝塚歌劇１００年展―夢、かがやきつづけて―』日本経済新聞　二〇一四

【論文等】

田畑きよ子「日本の歌劇を創設して世界の舞台へ―小林一三の海外向け少女歌劇について―」『阪急文化研究年報』第一号　二〇一二
伊井春樹「小林一三「十六歳の日記」―韮崎から東京へ　新出資料の意義―」『阪急文化研究年報』第二号　二〇一三
宮井肖佳「小林一三未発表原稿「甲洲路」「笹子峠の露宿」の翻刻および解題」『阪急文化研究年報』第九号　二〇二〇
正木喜勝「小林一三作小説「お花団子」とその解題」『阪急文化研究年報』第九号　二〇二〇
小畑茂雄「功刀亀内と宮武外骨―南アルプス市ふるさと人物室第六回展示「功刀亀内　遺―のこす―」に寄せて―」『山梨県立博物館研究紀要』第一四集　二〇二〇

【ホームページ】

宝塚歌劇団公式ホームページ　https://kageki.hankyu.co.jp
宝塚音楽学校公式ホームページ　http://www.tms.ac.jp/

謝辞

本展の開催にあたりご協力賜りました次の関係各機関、関係各位に深く感謝の意を表します。（敬称略）

【特別協力】
公益財団法人 阪急文化財団
阪急電鉄株式会社
宝塚歌劇団
株式会社宝塚クリエイティブアーツ
株式会社宝塚舞台

【協力者（五十音順）】
北川昭雲堂
韮崎市
韮崎市教育委員会
山梨県立美術館
山梨県立文学館

井澤英理子
閏間俊明
仙海義之
太壽堂素子
髙木美和
中野和子
花森由起子
半澤直史
正木喜勝
三沢一也
水黒　陽
吉田明彦

山梨県立博物館企画展
小林一三生誕150年

宝塚歌劇の世界

清く、正しく、美しく

令和五(二〇二三)年十月十四日発行

編集・発行　山梨県立博物館
電話　〇五五―二六一―二六三一
〒四〇六―〇八〇一
山梨県笛吹市御坂町成田一五〇一―一

発　売　山梨日日新聞社
電話　〇五五―二三一―三一〇五
〒四〇〇―八五一五
山梨県甲府市北口二―六―一〇

印刷・製本　株式会社サンニチ印刷
電話　〇五五―二四一―一二一一
〒四〇〇―〇〇五八
山梨県甲府市宮原町六〇八―一

ISBN978-4-89710-842-1